김명호 | 중국인 이야기 ❺

김명호 | 중국인 이야기 ⑤

한길사

중국인 이야기 ❺

지은이 김명호
펴낸이 김언호

펴낸곳 (주)도서출판 한길사
등록 1976년 12월 24일 제74호
주소 10881 경기도 파주시 광인사길 37
홈페이지 www.hangilsa.co.kr
전자우편 hangilsa@hangilsa.co.kr
전화 031-955-2000~3 **팩스** 031-955-2005

부사장 박관순 **총괄이사** 김서영 **관리이사** 곽명호
영업이사 이경호 **경영이사** 김관영 **편집주간** 백은숙
편집 박희진 노유연 최현경 이한민 강성욱 김영길
마케팅 정아린 **관리** 이주환 문주상 이희문 원선아 이진아
디자인 창포 031-955-2097 **CTP출력 및 인쇄제책** 예림

제1판 제1쇄 2016년 6월 30일
제1판 제5쇄 2022년 3월 30일

값 17,000원
ISBN 978-89-356-7010-9 04900
ISBN 978-89-356-6212-8 (세트)

• 잘못 만들어진 책은 구입하신 서점에서 바꿔드립니다.
• 이 도서의 국립중앙도서관 출판시도서목록(CIP)은 서지정보유통지원시스템 홈페이지(seoji.nl.go.kr)와
  국가자료공동목록시스템(www.nl.go.kr/kolisnet)에서 이용하실 수 있습니다.
  (CIP제어번호: CIP2016015156)

"정치적인 두뇌가 없다는 말을 들을 때마다 즐거웠다.
국가 이익과 민족의 존엄을 위해 외교문제를 처리했다.
중국은 재미있는 나라다. 정부의 명령은 통일된 적이 없고,
군벌들은 분쟁에서 헤어나지 못했다.
이럴 때일수록 무지한 통치자가 편했다."

■ 구웨이쥔

중국인 이야기❺

일러두기

중국어 인명·지명 등 고유명사는 외래어표기법 '주음부호와 한글대조표', 중국어 사전의 '병음·주음 자모대조표'에 근거해 표기했다. 20세기 이전 생물의 인명, 잡지와 신문명, 좀더 친숙하거나 뜻을 잘 드러내는 일부 용어는 우리말 한자 독음으로 읽었다.

어말의 산(山)·강(江)·도(島)·사(寺) 등의 한자어는 굳이 중국식 병음을 따르지 않았다.

예) 쩡궈판 → 증국번, 런민르바오 → 인민일보, 이허위안 → 이화원,
  톈안먼 → 천안문, 쯔진청 → 자금성, 타이허뎬 → 태화전,
  여산 → 루산, 쑹화강 → 송화강, 진먼다오 → 금문도, 지밍사 → 계명사

전쟁귀신의 비극 1

"린뱌오의 전용기가 북쪽을 향한 지 30분이 지났다.
격추시킬지 여부를 명령해주기 바란다."
마오쩌둥은 잠시 침울한 표정을 짓더니
한마디로 거절했다.
"누가 뭐래도 린뱌오는 우리 당의 부주석이다.
아무도 막지 못한다. 가고 싶은 곳으로 가게 내버려둬라."
마오쩌둥의 숙소를 나온 저우언라이는
린뱌오가 중국을 떠나게 내버려두지 않았다.
전국의 비행장을 봉쇄하고 운항을 중지시켰다.
새벽 1시 55분, 착륙할 곳이 없어진 린뱌오의 전용기는
몽골 국경 상공에서 자취를 감췄다.
새벽 2시 30분, 고비 사막의 분지에서
거대한 폭음이 울렸다.

미궁에 빠진 린뱌오의 죽음

"노승老僧이 자리를 비우면 사방이 허공이다."

린뱌오 탈출 보고받은 마오 "어디든 가도록 놔둬라"

1971년 9월 13일 0시 정각, 린뱌오(林彪) 부부와 아들을 태운 차량이 베이다이허(北戴河)의 여름별장을 출발했다. 경비초소에 이를 무렵 총성이 울렸다. 동승했던 비서가 차 문을 열고 튀어나왔다. 돌덩이처럼 구르다가 정신을 잃었다. 무장 병력을 태운 차량들이 추격했지만 린뱌오의 승용차는 중국에 두 대밖에 없는 고성능 방탄 리무진이었다.

린뱌오 일행은 22분 후 산하이관(山海關) 공항에 도착했다. 심신이 허약해진 린뱌오는 부인 예췬(葉群)이 앞에서 끌고 외동아들 린리궈(林立果)가 뒤에서 미는 바람에 겨우 전용기에 올랐다. 공항 관리자는 어리둥절했다. 상부에 의견을 물었다.

"수장(首長)의 비행기를 이륙시키라는 명령을 받지 못했다. 지시를 바란다."

답변이 없었다. 세 차례 계속해도 묵묵부답이었다. 0시 32분 비행기가 하늘로 치솟았다.

저우언라이(周恩來)와 중난하이(中南海) 경호대장 왕둥싱(汪東

興)은 거의 동시에 마오쩌둥(毛澤東)의 숙소로 달려갔다. 린뱌오의 돌발 행동을 보고받은 마오쩌둥은 아무 말도 하지 않았다. 넋 나간 사람처럼 담배만 피워댔다. 몇 달 전 장시(江西) 성(省) 서기의 말이 떠올랐다.

"린뱌오가 중국을 떠날지도 모릅니다. 수륙양용기를 이용해 타이완이나 남조선으로 갈 가능성이 큽니다."

린뱌오의 최측근인 공군 사령관 우파셴(吳法憲)의 전화가 정적을 깼다.

"전용기가 북쪽을 향한 지 30분이 지났다. 장자커우(張家口)를 거쳐 허베이(河北)를 빠져나와 네이멍구(內蒙古)로 진입했다. 격추시킬지 여부를 명령해주기 바란다."

마오쩌둥은 잠시 침울한 표정을 짓더니 한마디로 거절했다.

"누가 뭐래도 린뱌오는 우리 당의 부주석이다. 하늘이 비를 뿌리려 하고, 신부가 결혼하기로 작정한 것과 똑같은 상황이 벌어지고 있다. 아무도 막지 못한다. 가고 싶은 곳으로 가게 내버려둬라."

죽이라는 명령은 내리지 않았다.

마오쩌둥의 숙소를 나온 저우언라이는 팔짱만 끼고 있지 않았다. 린뱌오가 중국을 떠나게 내버려두지 않았다. 전군에 비상령을 선포했다. 전국의 비행장을 봉쇄하고 운항을 중지시켰다. 레이더를 총동원해 하늘을 감시하라고 지시했다. 용의주도한 저우언라이는 무전으로 린뱌오의 전용기를 호출했다.

"돌아와라. 어느 비행장이든 착륙하면 내가 직접 마중 나가겠다."

답이 있을 리 없었다. 새벽 1시 55분, 착륙할 곳이 없어진 린뱌오

두 자녀와 함께한 린뱌오와 예췬
(왼쪽부터 더우더우, 예췬, 린뱌오, 린리귀).
1960년대 중반.

의 전용기는 몽골 국경 상공에서 자취를 감췄다. 새벽 2시 30분, 고비 사막의 분지에서 거대한 폭음이 울렸다. 국·공내전 시절 동북(東北) 3성을 시발로 13개 성에서 국민당군에게 승리를 거둔 린뱌오는 온몸이 찢긴 채 숨을 거뒀다.

멋진 연기를 선보인 저우언라이

학생 시절 저우언라이는 연극반 활동을 했다. 연기력이 뛰어났다. 노인 역이건, 젊은 여자 역이건 능청맞을 정도로 모두 소화했다. 배우로 나가면 대성하겠다는 사람이 많을 정도였다.

린뱌오의 비행기가 추락했다는 보고를 받자 멋진 연기를 선보였다. 우선 "오랜 세월 환난을 함께한 동지를 잃었다"며 사람들 앞에서 대성통곡했다. 변명도 잊지 않았다. 린뱌오의 지지자가 많았던 광저우(廣州)를 찾아가 군 지휘관들을 소집했다.

"나는 린뱌오 전용기를 격추시키라는 명령을 내리지 않았다. 린뱌오는 당 중앙의 부주석이고 전군의 부지휘관이다. 나는 정치국의 일개 상무위원에 불과하다. 군에도 아무런 직함이 없다. 이런 내가 당장(黨章)에 명기된 차기 지도자가 탄 비행기를 격추시키라는 명령을 감히 내릴 수 있겠는가. 만에 하나 린뱌오를 타격하라는 명령을 내렸다면 전당과 전군은 물론이고 전국의 인민에게 무어라 설명을 하겠는가."

린뱌오 사망 소식이 퍼지자 중국 지도자들의 반응은 각양각색이었다. 애석해하는 사람이 있는가 하면, 잘 죽었다는 사람도 많았다. 전쟁 시절 "우리는 린뱌오의 전사(戰士)들"을 노래했던 제4야전군

항일전쟁 시절 국민당 군복을 입은
저우언라이와 린뱌오(왼쪽).
1942년 10월, 전시 수도 충칭(重慶).

문화대혁명(이하 문혁) 초기,
천안문(天安門) 성루에서
린뱌오(오른쪽 둘째)가 측근들과
이야기를 나누는 모습.
오른쪽 끝에서 저우언라이가
그들의 말을 엿듣고 있다.

출신들은 통음으로 날을 지새웠다.

사건 닷새 후 타이완의 장제스(蔣介石)도 옛 제자의 사망 소식을 들었다. 저녁이나 같이하자며 차남 장웨이궈(蔣緯國)를 불렀다. 만찬 도중 무겁게 입을 열었다.

"마오쩌둥의 팔 한쪽이 날아갔다. 린뱌오가 죽었다."

장웨이궈가 기록을 남겼다.

"그날 선친의 표정은 표현이 불가능할 정도였다. 나는 입도 벙긋 못 했다. 밥만 먹고 돌아왔다."

장징궈(蔣經國)의 판단도 장제스와 비슷했다. 국가안전국에 "중공의 거인(巨人)이 세상을 떠났다. 마오는 불구가 됐다. 우리는 나머지 한쪽 팔이 잘려나갈 때를 기다려야 한다"는 보고서를 제출했다. 린뱌오와 동향인 국민당 이론가 타오시성(陶希聖)도 기록을 남겼다.

"평소 총통은 린뱌오 얘기를 자주 했다. 나는 총통이 '린뱌오는 강직한 사람이다, 마오에게 충성할 리가 없다'는 말을 할 때마다 의아했다. 그러나 이유를 물으면 답하지 않았다. 총통은 린뱌오가 사망했다는 보고를 받자 눈물을 흘렸다."

타오시성이 죽는 날까지 의혹은 풀리지 않았다. 린뱌오 사망 40년이 지나서야 이유가 밝혀졌다.

펑더화이를 몰아붙이고 국방부장을 꿰차다

신중국 초기, 린뱌오의 지위는 동급인 펑더화이(彭德懷)나 허룽(賀龍) 등에 비할 바가 아니었다. 화중국(華中局) 서기와 중남국(中南局) 서기, 중남 군정위원회 주석 겸 군구(軍區) 사령관, 허난(河南)·후베이(湖北)·후난(湖南)·광둥(廣東)·광시(廣西)·장시 등 6개 성의 당·정·군을 장악한 남중국(南中國)의 왕이나 다름이 없었다.

동북 3성의 기반도 단단했다. 린뱌오는 마오쩌둥의 심리나 성격을 누구보다 잘 알았다. 1950년대 초, 마오가 군구를 해체시키자 외부와 접촉을 끊고 두문불출했다. 6·25전쟁 참전을 반대하고 저우언라이와 함께 소련으로 갔다. 그래도 참전을 완전히 거부하지는 않았다. 귀국하는 저우언라이에게 "당이 필요로 하면 언제든지 귀국해 조선반도로 가겠다"는 말을 잊지 않았다. 저우언라이는 마오에게 린뱌오의 말을 전하지 않았다.

린뱌오가 6·25전쟁에 참전하지 않은 것은 행운이었다고 단정하는 중국인들이 많다.

"린뱌오가 중국군을 지휘했다면 미군은 참패했다. 중국에 원자탄을 쓸 수밖에 없었다. 무슨 비극이 벌어졌을지 모른다."

6·25전쟁 종전 후에도 린뱌오는 병서(兵書)와 지도(地圖)를 벗삼으며 은인자중했다. 전화가 와도 받지 않고 걸지도 않았다.

1955년 4월, 린뱌오는 덩샤오핑(鄧小平)과 함께 정치국에 진입했다. 마오쩌둥은 일거리를 주지 않았다. 4년 후, 당 부주석에 선임됐지만 여전히 할 일은 없었다. 루산(廬山)회의에서 국방부장 펑더

문혁 초기, 쉬샹첸(徐向前, 왼쪽 둘째),
녜룽전(聶榮臻, 오른쪽 첫째), 류보청(劉伯承, 오른쪽 둘째) 등
개국 원수(元帥)들에게 뭔가를 지시하는 린뱌오(가운데).
왼쪽 첫째 얼굴은 중공원로 둥비우(董必武).

화이에게 직격탄을 맞은 마오는 린뱌오를 불렀다. 산에 오른 린뱌오는 펑더화이를 몰아붙이고 국방부장을 꿰찼다.

1960년대 초, 중국 경제는 파탄 직전이었다. 1962년 1월 11일부터 2월 7일까지 28일간 전국의 당·정·군 간부 7,000여 명이 베이징(北京)에 집결했다.

대회 첫날, 국가주석 류사오치(劉少奇)가 마오쩌둥의 야심작인 '대약진운동'을 비판했다. 덩샤오핑도 딴소리하기는 마찬가지였다. 경제정책을 주도했던 천윈(陳雲)은 아예 입을 열지 않았다. 류사오치나 덩샤오핑보다 더 얄미웠다. 긴장한 마오쩌둥은 비장의 무기를 만지작거렸다. 국방부장 린뱌오에게 한마디 할 것을 권했다. 자신에게 불만이 많다는 건 알고 있었지만, 이럴 때 방파제 역할을 해줄 사람은 린뱌오 외엔 없었다.

2주만 시간을 달라고 요청한 린뱌오는 보고서 작성에 매달렸다. 중간에 아버지 린밍칭(林明卿)이 뇌일혈로 세상을 떠났다. 잠시 병원을 다녀온 것 외에는 문밖을 나가지 않았다. 장례는 마오의 지시로 중앙조직부가 주관했다. 탈고를 마친 린뱌오는 비서를 불렀다.

"부친이 병원에 있는 동안 의사와 간호사들의 노고가 컸다. 나 대신 간단한 저녁을 대접해라. 내가 할 수 있는 일은 이게 고작이다."

1월 29일, 대회장에 모습을 드러낸 린뱌오는 몇 마디로 분위기를 역전시켰다.

"그간 우리는 마오 주석의 지시를 준수하지 못했다. 여러 차례 경고를 받았지만 무슨 말인지도 몰랐다. 주석의 사상을 제대로 이해하지 못했기 때문이다. 주석의 말을 들었다면 지금과 같은 일은 벌어지지 않았다."

참석자들이 침묵하자 마오가 정적을 깼다. "하오"(好, 좋다)를 외치며 박수를 치자 다들 기립했다. "하오"와 박수소리에 천장이 무너질 정도였다.

'포스트 마오' 굳힌 린뱌오, 황푸 라인 통해 장제스 접촉

마오쩌둥은 류사오치와 덩샤오핑 제거를 결심했다. 그간 마오는 덩샤오핑을 당 중앙 비서장과 총서기로 중용했다. 이유는 류사오치 견제였다. 견제는커녕 류사오치와 한통속이 될 줄은 상상도 못했다. 두꺼비처럼 생긴 놈이 생각만 해도 괘씸했다.

마오는 새로운 혁명을 구상했다. 린뱌오의 지지가 무엇보다 중요했다. 린뱌오가 싫어하는 간부들을 솎아냈다. 마오에게 충성심 강한 고위 간부들이 영문도 모른 채 자리에서 밀려났다.

4년 후, 문혁을 일으킨 마오쩌둥은 류사오치 축출과 린뱌오 등용을 동시에 추진했다. 8월에 열린 전국대표대회를 앞두고 저우언라이에게 지시했다.

"린뱌오를 꼭 참석시켜라."

저우언라이는 마오가 린뱌오를 후계자로 선정했다고 직감했다.

다롄(大連)에서 요양 중이던 린뱌오는 베이징에서 벌어지는 일을 손바닥 보듯이 꿰뚫고 있었다. 병을 핑계로 참석을 거부했다.

"주석에게 내 말을 전해라. 노승(老僧)이 자리를 비우면 사방이 허공이다."

린뱌오의 불참을 확인한 마오쩌둥은 이틀간 휴회를 선언했다.

비서와 공군 사령관을 다롄으로 보냈다.

베이징에 온 린뱌오는 간청했다.

"온몸이 병투성이입니다. 새로운 직무를 감당하기 힘듭니다. 뜻을 거둬주시기 바랍니다."

마오는 화가 났다.

"네가 명(明)나라 세종(世宗)이냐? 네가 정치에 개입하지 않겠다는 것은 가짜다."

명나라 세종은 경건한 도교신자였다. 나라가 어떻게 돌아가건 수양에만 열중했다.

마오쩌둥의 판단은 정확했다. 후계자 자리를 굳힌 린뱌오도 마오를 믿지 않았다. 광둥 성 서기 타오주(陶鑄)와 연명(連名)으로 홍콩에 있는 황푸군관학교 동기생을 통해, 타이완의 장제스에게 편지를 보냈다. 린뱌오 사망 후 장제스가 통곡을 하고도 남을 내용이었다.

2인자는 문혁이 마음에 들지 않았다

1945년 8월, 항일전쟁 승리 후 린뱌오는 전시 수도 충칭을 방문했다. 장제스를 만나 묘한 말을 남겼다.

"제가 국가를 위해 무슨 일을 할지, 교장께서 아실 날이 있을 겁니다."

장제스는 군사위원회 조사통계국(군통, 軍統) 부국장 정제민(鄭介民)에게 린뱌오를 만나보라고 지시했다. 린뱌오는 황푸군관학교 선배인 정제민과 이틀간 밀담을 나눴다. 장제스는 대담을 정리한

동북전쟁 시절, 린뱌오가 국민당군에 대승한
첫 번째 전투인 '슈수이허(秀水河) 전역' 승리를 자축하는
동북민주연군(東北民主聯軍, 제4야전군의 전신).

정제민의 보고서를 눈여겨보지 않았다.

충칭을 떠난 린뱌오는 동북으로 이동했다. 3년간 혹한의 땅에서 동북야전군을 지휘하며 장제스 군을 괴멸시켰다. 타이완으로 철수한 장제스는 한동안 린뱌오의 음영(陰影)에 시달렸다.

1966년, 대륙이 문혁의 소용돌이에 휩싸였다. 9월 9일, 중공의 유일한 부주석과 마오쩌둥의 후계자로 선정된 린뱌오의 얼굴이 미국 시사주간지『타임』의 표지를 장식했다. 타이완의 장제스는 21년 전 소홀히 넘겼던 정제민의 보고서를 찾았다. 날이 밝자 국민당 중앙상무위원들을 관저로 불렀다. 탁자에 놓인『타임』을 손짓하며 단언했다.

"린뱌오는 애국자다. 개인이나 정당을 국가와 혼동하는 사람이 아니다. 나는 린뱌오가 마오쩌둥에게 충성하리라고 절대 믿지 않는다."

참석자들은 총통이 왜 그런 말을 하는지 영문을 몰랐다.

미래의 1인자로 등극한 린뱌오는 문혁에 관심이 없었다. 중앙공작자회의에서 심경을 토로했다.

"나는 앞뒤가 맞지 않을 때가 많은 사람이다. 인간은 누구나 실수를 범한다. 줄이도록 노력하겠다. 수준과 능력이 부족해 사양하겠다고 재삼 간청했지만, 주석과 당 중앙이 이미 결정해버렸다. 적합한 동지가 나타났을 때 이양할 준비를 게을리하지 않겠다."

당과 군, 전국의 모든 매체가 린뱌오 선전에 나섰다. 마오쩌둥을 신(神)으로 만들려면 린뱌오부터 신으로 만들어야 했다. 선전 전문가들은 반복에 약한 것이 인간이라는 걸 잘 알았다.

린뱌오의 건강에 문제가 많다는 것은 공공연한 비밀이었다. 개국 원수 예젠잉(葉劍英)이 전군동원대회에서 호언장담했다.

"마르크스와 엥겔스가 두 사람인 것처럼 마오 주석과 린뱌오 동지도 두 사람이다. 린뱌오 동지는 우리 중에서 가장 젊고 건강하다. 마오 주석과 함께하기에 아무 문제가 없다. 전국과 전 세계를 향해 주석과 린뱌오 동지의 건강을 선전하는 것은 정치적으로 큰 의미가 있다."

이날을 계기로 마오와 린뱌오가 홍위병을 접견할 때마다 "주석의 만수무강"과 "부주석의 영원한 건강"을 축원하는 구호가 요란했다.

문인들은 한발 더 나아갔다. "린뱌오 부주석의 숭고한 위상을 제고해야 한다"며 이름 앞에 "주석의 친밀한 전우, 주석의 계승자"를 붙여야 한다고 우겨댔다. 린뱌오가 삭제를 요청하자 마오는 "삭제라니 말도 안 된다. 고칠 필요도 없다"며 당장(黨章)에 명기하라고 지시했다. 마오의 말이 떨어지기가 무섭게 중공의 흑막(黑幕) 캉성(康生)이 나섰다.

"린뱌오 동지는 너무 겸허하다. 우리의 결정은 어디 내놔도 부끄러울 게 없다."

예젠잉과 캉성도 저우언라이에게는 미치지 못했다. 저우언라이는 혁명 과정에서 주더(朱德)가 세운 공로를 린뱌오가 했다고 주장했다. 아무도 이의를 제기하지 않았다.

린뱌오는 문혁이 마음에 들지 않았다. 비서의 회고를 소개한다.

"홍위병들끼리 싸움이 벌어지자 린뱌오는 문화(文化)대혁명이 무화(武化)대혁명으로 변했다며 곤혹스러워했다. 덩샤오핑은 적으로 몰아붙였지만, 류사오치 비판은 심하게 하지 않았다. 벽에 마오쩌둥 사진도 걸어놓지 않았다. 마오 주석의 어록을 화장실에 놓고 비서들에게 용변 볼 때 쓰라고 했다. 방문객도 차단시켰다. 타오주만은 예외였다."

마오쩌둥은 린뱌오를 후계자로 정하기 전에 광둥 성 서기 타오주를 국무원부총리 겸 선전부장에 임명했다. 당내 서열도 저우언라이 다음인 4위에 안배했다. 타오주는 동북 시절부터 린뱌오의 직계였다. 성격이 불같았지만 린뱌오 앞에서는 고분고분했다. 베이징 생활을 시작한 타오주는 린뱌오와 접촉할 기회가 많았다. 횟수가 늘수록 대화 범위도 넓어졌다. 마오쩌둥에 대한 비판이 자연스럽게 입에 올랐다.

"의심 많고 변덕이 심하다. 허물은 남에게 뒤집어씌우고, 공을 가로채야 직성이 풀린다. 우리도 언제 류사오치 꼴이 날지 모른다. 교장은 온갖 신산(辛酸)을 다 겪었다. 광둥으로 모셔올 수만 있다면 중국의 평화를 기약할 수 있다. 연락을 취할 방법이 있다."

듣고만 있던 린뱌오는 "거짓말을 잘해야 큰일을 이룰 수 있다니! 인간으로 태어난 게 슬프다"며 동조했다. 본격적으로 문혁에 뛰어든 린뱌오는 반대파들을 닥치는 대로 처단했다.

장제스는 린뱌오가 황푸군관학교 시절 사용하던 이름으로 보낸 충성서약 서신을 믿지 않았다. 린뱌오 사망 후, 중공은 베이징을 탈

저우언라이도 타오주(왼쪽)를 신임했다.
문혁 초기의 저우언라이와 타오주.

출한 린뱌오가 광저우에 새로운 당 중앙을 설립하려 했다고 발표했다. 장제스의 심정이 어땠을지 짐작이 간다. 중국은 복잡한 나라다. 소설에나 나옴직한 얘기들이 사실인 경우가 많다.

교장에게 보낸 비밀 편지

"6억 인의 의기를 일으켜 세운 사람,
그가 있었기에 해와 달이 더욱 빛났다."

소문난 효자 린뱌오

린뱌오는 사교성이 부족했다. 인정머리도 없었다고 하지만 아무에게나 그러지는 않았다. 신중국 초기 "조용한 시골에 내려가 현장(縣長)이나 하고 싶다"고 할 정도로 권력욕도 없었다. 마오쩌둥의 후계자도 여러 차례 고사했다. 사후에 온갖 죄를 뒤집어썼지만 직접 정변(政變)을 기도했다는 증거는 없다. 린뱌오는 소문난 효자였다. 장제스와 연락을 취한 것도 마오에게 넌덜머리가 나다 보니 자신과 아버지를 극진히 챙겨줬던 옛 스승을 그리워한 것뿐이다.

아버지 린밍칭은 마을에서만 알아주는 지식인이었다. 독학으로 신문을 볼 줄 알았고 글씨도 제법이었다. 잡화상 점원과 화물선에서 돈 세는 일을 하다 고향에 돌아와 옷 장사를 했다. 부양가족이 많았지만 부인 덕에 끼니를 거르는 일은 없었다.

모친 천(陳) 씨는 이름이 없었다. 다들 린천(林陳)이라고 불렀다. 린천은 오리 키우는 재주가 유별났다. 아침마다 자녀들에게 콩국한 사발과 오리알 한 개를 네 등분해서 한 쪽씩 먹였다. 틈만 나면 자녀들에게 같은 말을 되풀이했다.

"세상살이 별게 아니다. 독서 열심히 하고 성실하면 충(忠)과 효(孝)는 저절로 익히게 된다. 그러면 세상에 못할 일이 없다."

린뱌오는 어릴 때부터 엄마 말을 잘 들었다.

린밍칭은 군인과 정치가를 싫어했다. 자식들 중에서 제일 허약했던 린뱌오가 세계적인 군인정치가가 되리라곤 상상도 못 했다. 린천은 린뱌오가 하는 일이라면 뭐든지 반대하지 않았다.

1937년 9월, 린뱌오가 일본군에게 대승을 거뒀을 때 장제스는 축전을 보냈다. 마오쩌둥은 핑싱관(平型關, 산시 성 동북부의 군사 요충지)에서 일본군을 기습하겠다는 린뱌오의 제의를 허락하지 않았다. 그러다 보니 린뱌오의 승리에 별다른 반응을 보이지 않았다. 장제스는 린밍칭의 60세 생일이 임박했다는 소식도 한 귀로 흘리지 않았다. 정부 요인들에게 축하전문을 보내라고 지시했다. 린밍칭은 국민당 관인이 찍힌 '수'(壽)자를 걸어놓고 난생처음 생일을 즐겼다.

온 중국이 린뱌오 얘기로 떠들썩하자 린밍칭은 일본군의 보복이 두려웠다. 식솔을 거느리고 고향을 떠났다. 광시 성 류저우(柳州)를 지나던 중, 부인이 갑자기 세상을 떠났다. 마지막 남긴 말이 둘째 아들 린뱌오의 안부였다. 피란길에 동행했던 린뱌오의 조카가 훗날 구술을 남겼다.

"일행이 많다 보니 하루에 20리도 못 걸었다. 일본군의 공습으로 온전한 집이 없었다. 도처에 부패한 시신이 널려 있었고, 썩는 냄새가 진동했다. 할머니는 노상에서 만난 환자에게 입으로 죽을 먹이다가 감염되어 세상을 떠났다. 가매장하고 작은 비석을

린뱌오는 소문난 효자였다.
린뱌오의 부친 린밍칭.
1950년대 말, 베이징.

세웠다. 1943년 겨울이 되자 더 이상 살길이 막막했다. 할아버지가 린뱌오에게 전보를 보내라고 했다."

"난세의 인간은 태평성세의 개만도 못한데…"

소련에서 돌아와 가족소식을 들은 린뱌오는 마음이 조급했다. 시 한 수로 마음을 달랬다.

"엄부(嚴父)가 급전을 보냈다. 피란 중이라며 구원을 호소했다. 자모(慈母)는 황야에서 세상을 떠났다. 다른 사람의 소식을 알 길이 없다. 난세의 인간은 태평성세의 개만도 못하다."

린뱌오의 시를 읽은 팔로군 총사령관 주더는 무릎을 쳤다.
"린뱌오에게도 이런 감상적인 면이 있구나."
마오쩌둥이 직접 나서고 저우언라이가 사면팔방으로 린뱌오 일가의 행방을 수소문했다. 국민당 적십자사가 전국의 난민구호소를 뒤졌다. 린밍칭을 찾기까지 6개월이 걸렸다.
국민당의 배려로 충칭에 도착한 린밍칭은 극진한 대접을 받았다. 린뱌오가 있는 옌안(延安)으로 출발하는 날은 중도에 먹으라며 사과와 찐빵, 육포까지 챙겨줬다. 장제스의 지시였다.
16년 만에 아버지를 만난 린뱌오는 눈물을 글썽였다. 모친의 사망을 확인하자 지도를 펴들고 정확한 지점을 조카에게 물었다. 류저우 방향으로 무릎 꿇고 한 차례 곡(哭)을 했다. 린뱌오의 눈물을 본 저우언라이는 어찌나 놀랐던지 한동안 벌린 입을 다물지 못했다. 마오쩌둥이 달려오고 주더 부부도 헐레벌떡 언덕을 내려왔다.

항일전쟁 승리 후, 동북에서 장제스의 국민당군을 전멸시키고 베이징에 입성한 린뱌오는 제4야전군을 이끌고 다시 전선으로 나갔다. 건강 문제로 베이징에 남아 있던 정치위원 뤄룽환(羅榮桓)은 린밍칭에게 그럴듯한 집을 마련해줬다. 국·공내전에서 막내아들이 전사하는 바람에 명분은 충분했다. 열사가족 대우와 생활비 지급도 문제가 없었다.

린밍칭은 유난히 먹는 것을 밝혔다고 한다. 전쟁을 마치고 돌아온 린뱌오는 매달 한 번씩 아버지를 찾아갔다. 먹을 것을 사들고 베이징 골목을 터덜터덜 걸어가는 중년의 남자를 아무도 눈여겨보지 않았다.

1963년 말, 개국 원수 뤄룽환이 중병에 걸렸다. 평소 누가 죽건 말건 관심이 없던 린뱌오는 베이징 식물원에 가서 꽃을 구입했다. 부인 예췬을 병문안 보내고 방안에서 나오지 않았다. 지도 앞에 서서 뤄룽환과 함께 누볐던 전선들을 들여다보며 지난날을 회상했다.

뤄룽환이 세상을 떠났다. 린뱌오는 평소와 다른 행동으로 주위를 놀라게 했다.

린뱌오 사망하자 "저우가 사지로 몰았다" 흉흉한 소문

린뱌오의 죽음은 의혹투성이였다. 사건 발생 5일 후, 중공은 마오쩌둥 암살과 정권 탈취 기도 등 온갖 죄명을 발표했다. 다들 반신반의했다. 린뱌오는 중공 당장에 명기된 마오의 후계자였다. 마오

국·공내전 초기, 동북민주연군 사령관 시절의 린뱌오.

사망과 동시에 중국은 린뱌오의 천하라는 것을 아무도 의심하지 않을 때였다. 민간에서는 당의 발표를 믿지 않았다. 교활하고 야비한 저우언라이가 린뱌오를 사지로 몰아넣었다는 소문이 항간에 떠돌았다.

1920년대 중반, 황푸군관학교 생도들은 교장 장제스와 정치부 주임 저우언라이를 추종하는 세력으로 양분됐다. 4기생 린뱌오는 어느 편에도 속하지 않았다. 양측의 관심도 끌지 못했다. 교장의 손길을 기다렸지만 장제스는 너무 높은 곳에 있었다. 선배나 동기생들이 교장실에 불려갈 때마다 부러워했다. 저우언라이는 체질상 맞지 않았다.

린뱌오는 전쟁에서 명성을 얻었다. 공산당이 정권을 장악하기까지 누구도 넘보지 못할 공을 세웠다. 정권수립 후엔 외부와 접촉을 끊었다. 1959년, 수세에 몰린 마오쩌둥의 공격수로 등장해 펑더화이를 실각시키고 국방부장에 취임한 뒤에도 습관은 변하지 않았다. 마오쩌둥의 부름이 없으면 무슨 행사건 참석하지 않았다. 가끔 군부대 시찰은 나갔다.

뤄룽환만은 예외였다. 두 사람의 인연은 30여 년 전으로 거슬러 올라간다. 1930년 홍군 제4군을 지휘하던 린뱌오는 정치위원이 맘에 들지 않았다. 일 처리를 놓고 충돌이 빈번했다. 성격도 맞지 않았다. 뤄룽환이 제4군 정치위원으로 오자 린뱌오는 "관대하고 부하들에게 후한 사람"이라며 좋아했다. 뤄룽환도 린뱌오의 의견을 존중했다. 군 작전은 물론이고 행정이나 인사 문제도 린뱌오의 결정에 따랐다. 동북 3성을 평정하고 화북(華北) 전선에서 승리하기

문혁 시절, 마오쩌둥 지시로
린뱌오가 수정 중인 문건을 엿보는 저우언라이(왼쪽).
1967년 봄, 천안문 성루 휴게실.

까지 10여 년간, 소소한 충돌은 있었지만 큰 마찰은 거의 없었다. 그러다 보니 린뱌오도 표현만 못 했을 뿐, 속으로는 뤄룽환에게 감격한 적이 한두 번이 아니었다. 뤄룽환은 건강에 문제가 많았다. 베이징 입성 후 신병 치료를 위해 소련으로 가지 않았다면 제4야전군의 정치위원은 교체될 리가 만무했다.

린뱌오는 정말 지독한 사람이었다. 정권 수립 후 뤄룽환과도 왕래를 단절해버렸다.

죽은 뤄룽환의 관을 어루만지며

1963년 12월 16일 오후, 뤄룽환이 세상을 떠났다. 첫 번째 맞는 개국 원수의 죽음이다 보니 장례위원 진용이 굉장했다. 국가주석 류사오치가 위원장을 맡고, 마오쩌둥, 저우언라이, 주더, 린뱌오 등 80여 명의 당과 군 지도자들이 위원으로 참여했다. 웬만한 성장(省長)이나 군구 사령관은 끼어들 엄두도 못 냈다. 두문불출하던 린뱌오는 뤄룽환이 사망한 다음 날 외출을 서둘렀다. 비서가 기록을 남겼다.

"그날따라 대설이 내렸다. 보기 드문 폭설이었다. 베이징 전역이 꽁꽁 얼어붙었다. 평소 바람과 추위라면 질색이던 린뱌오였지만 그날은 달랐다. 차량 운행이 불가능하다며 아무리 만류해도 듣지 않았다. 병원은 한적했다. 린뱌오는 단독으로 원수의 시신 앞에서 이별을 나눴다. 흐느끼는 모습을 보고 경악했다. 그렇게 비통해할 수가 없었다. 즉석에서 휘호(揮毫)도 했다. '나의 좋

은 스승이며 유익했던 친구'(良師益友), 폐부에서 우러나온 말이
었다."

숙소로 돌아온 린뱌오는 시 한 편을 남겼다.

"6억 인의 의기를 일으켜 세운 사람, 그가 있었기에 해와 달이
더욱 빛났다. 장정 시절 임무는 막중하고 갈 길은 멀었다. 수십
년간 비바람 함께하며 속내를 숨긴 적이 없었다. 하루아침에 영
원한 이별, 실성을 가눌 길 없다."

전군에 지시도 잊지 않았다.
"일주일간 무슨 회의를 하건, 시작 전에 뤄룽환 동지의 애도 의
식을 거행하라."
19일 오후에 열린 유체(遺體) 고별식에도 린뱌오는 제일 먼저
도착했다. 입관이 끝날 때까지 자리를 뜨지 않았다. 날이 어두워지
자 다시 찾아와 뤄룽환의 관을 어루만졌다. 린뱌오 성격상 도저히
있을 수 없는 일이었다. 22일 오전, 1만 명이 참석한 영결식이 거행
될 때까지 린뱌오는 류사오치, 주더, 덩샤오핑과 번갈아가며 뤄룽
환의 빈소를 지켰다.
린뱌오의 행동은 특이했다. 미인으로 소문난 뤄룽환의 부인 린
웨친(林月琴)에게는 눈길도 주지 않았다. 1963년 2월, 춘절(春節)
이 다가오자 린뱌오는 부인 예췬에게 부탁했다.
"뤄룽환 사망 후 첫 번째 설날이 며칠 남지 않았다. 명절이 되면

홍군의 아버지 주더(왼쪽)와 뤄룽환.
1953년, 중난하이 화이런탕(懷仁堂).

옛사람이 그리운 법이다. 린웨친의 마음이 오죽하랴. 집으로 초청해서 한나절 함께해라. 여자들끼리 좋은 음식 먹으며 수다 떨다 보면 잠시라도 상심을 날려 보낼 수 있다."

아버지의 장례를 치른 후 의사와 간호사들을 초청한 이후 두 번째이자 마지막 점심 초청이었다. 예췬은 남편이 시키는 대로 했다. 그날 밤, 린웨친이 즐거워했다는 말을 듣자 린뱌오는 기분이 좋았다. 이어서 뚱딴지같은 소리를 했다.

"예전에 장제스도 설날이 다가오면 그렇게 했다."

린뱌오, 위기를 직감하다

마오쩌둥은 싸움을 즐겼다. 적과 동지가 확실했다. 모든 사람을 적과 동지로 분류했다. 적이 없으면 없는 적도 만들었다. 적이 동지가 되는 법도 없었다. '친밀했던 전우'가 불공대천의 원수로 변하는 경우가 허다했다. 적과 내통한 흔적이 보이는 동지에게는 더 가혹했다. 솜씨도 발군이었다. 평생 피비린내를 풍겼다. 단, 충성심만 확인되면 부패에는 관대했다.

국·공 양당은 너 죽고 나 살자 식의 싸움을 멈춘 적이 없었다. 놀던 동네가 비슷하고, 북벌과 항일전쟁을 위해 두 차례 연합을 하다 보니 뒷구멍으로는 연락이 그치지 않았다. 국민당 고관들 중에는 마오쩌둥이나 저우언라이 등과 몰래 서신을 주고받는 일이 허다했다. 공산당원들도 마찬가지였다. 세월 덕에 밝혀진 것도 많다. 묻힌 것은 더 많다. 워낙 비밀이 많고, 겉과 속이 같으면 3류 취급하는 민족이다 보니 그럴 수밖에 없다.

자력으로 큰일을 이룬 사람들은 공통점이 있다. 매사에 꼼꼼하고 의심이 많다. 린뱌오도 마오쩌둥 못지않게 의심이 많았다. 문혁 초기, 린뱌오는 류사오치와 덩샤오핑의 몰락을 목도했다. 류사오치 다음은 자기 차례라는 생각을 안 했다면 린뱌오가 아니다. 측근들에게 마오의 매도를 서슴지 않았다.

"보통 음흉한 사람이 아니다. 생각을 말해보라고 할 때 조심해라. 의견을 늘어놓게 하고 그것을 비판하는 사람이다. 류사오치의 사상은 마오보다 뛰어났다. 죽음으로 몬 것은 사람의 도리가 아니다."

마오의 부인 장칭(江靑)도 싫어했다. 겉으로는 손을 잡았지만 치를 떨었다.

"뱀 같은 여자다. 저런 것들은 내버려두면 오래 산다. 죽여버려야 한다."

"장제스가 우리 탓 않는다면 기회 만들겠다"

린뱌오는 타이완에 있는 장제스와 연락을 모색했다. 타오주와 연명으로 홍콩에 있는 황푸군관학교 동기생 저우유(周游)에게 서신을 보냈다.

"톄(鐵) 형, 생각만 했지 연락 못 한 지 오래다. 황푸에서 함께 뒹굴던 날들이 꿈만 같다. 형의 자질과 영민함은 변함이 없을 줄 믿는다. 국가를 위해 온갖 지혜를 짜내야 할 사람이 한가한 나날을 보낸다니 애석하다. 원줘(文灼)가 그쪽으로 가는 편에 소식 전한다. 지금 우리는 위기에 처해 있다. 장차 무슨 일이 벌어질지

마오쩌둥(오른쪽)과 타오주 부부.
타오주는 홍색 부인이라 불리던 쩡즈(曾志)의
세 번째 남편이었다.

모른다. 교장이 지난날 우리의 허물을 책하지 않는다면 기회를 만들겠다. 폐부에서 나오는 사죄로 대신하겠다."

발신인에는 '유'(尤)와 '주'(鑄)를 명기했다.

1949년, 하이난(海南) 섬 후근(後勤) 사령관을 끝으로 국민당 군복을 벗은 저우유는 홍콩에서 유유자적한 생활을 즐기고 있었다. 갑자기 나타난 황푸군관학교 동기생 샤오정이(蕭正儀)가 건네준 편지를 읽고 경악했다. 영락없는 린뱌오의 필적이었다. 수신인과 발신인도 남들은 알 리가 없는 황푸 시절의 호칭이었다. 톄는 저우유의 별명이었고, 원줘는 샤오정이의 별칭이었다. 린뱌오의 자(字)가 유융(尤勇)인 것을 아는 사람이 거의 없었다. 주(鑄)는 중공 중앙정치국 상무위원과 국무원부총리를 겸한 중앙문혁 소조 고문 타오주가 분명했다. 저우유는 진위를 의심치 않았다. 국민당원인 아들에게 부탁했다.

"타이완에 다녀와라. 이 편지를 국방정보국 주임 장스치(張式琦)에게 전해라."

바다에 어선을 풀어놓고 정보를 수집하던 장스치는 대륙 정보에 정통했다. "역시 린뱌오답다"며 편지 내용에 만족했다. 장스치의 보고를 받은 국방부장 장징궈는 신중했다. "연구해보자"며 말을 아꼈다. 황푸에서 린뱌오와 침상을 나란히 했던 육군 총사령관 가오쿠이위안(高魁元)도 린뱌오의 필적을 한눈에 알아봤다. 가오쿠이위안은 마음이 급했던지 장제스에게 직접 보고했다. 훗날 장스치는 미국에서 구술을 남겼다.

"최고 통수권자가 내게 지시했다. 나는 인편으로 홍콩의 저우유에게 편지를 보냈다. 두 사람과의 연락은 축하할 일이다. 우선 지위를 공고히 하고 때를 기다리라고 전해라. 우리는 무슨 지원이건 마다치 않겠다. 진일보된 소식을 기다리겠다."

타이완 측의 회답을 받은 샤오정이는 대륙으로 돌아왔다. 상하이(上海)에 도착한 샤오정이는 도처에 나붙은 "타오주 타도" 벽보를 보고 저우유에게 편지를 보냈다.

"두 사람의 생각은 변함이 없다."

며칠 후 샤오정이는 실종됐다. 홍콩의 저우유도 목욕탕에서 시신으로 발견됐다. 샤오정이의 체포는 극비였다. 상황을 파악한 마오쩌둥은 내색을 안 했다. 타오주 휘하에 있던 광둥 군구의 지휘관들부터 한 명씩 갈아치웠다. 감옥에 갇힌 타오주는 안후이(安徽)성 허페이(合肥)로 끌려갔다. 옥중에서 암으로 숨을 거뒀다. 시신도 남지 않았다. 마오쩌둥은 군을 장악한 린뱌오의 위세를 이용해 류사오치와 덩샤오핑 추종자들을 완전히 제거했다. 린뱌오가 마오쩌둥의 속셈을 모를 리 없었다. 위기를 직감한 린뱌오는 우선 살고 봐야 했다. 늦은 줄 알았지만 마오 충성에 열을 올렸다. 린뱌오도 인간이었다. 비범함과 평범함을 넘나들기는 보통 사람과 그게 그거였다. 영문도 모르는 측근들만 날벼락을 맞았다.

충직한 심복들

"바다가 마르고, 바위가 가루가 돼도
내 마음은 변치 않겠다."

새벽 4시에 소집된 회의, 제거되는 '린뱌오의 남자들'

린뱌오 사망 11일 후인 1971년 9월 24일 새벽 4시, 린뱌오의 측근들은 회의 참석을 통보 받았다. 공군 사령관 우파셴이 생생한 기록을 남겼다.

"회의에 갔다가 제대로 돌아온다는 보장이 없었다. 집사람을 집무실로 불렀다. 애들 교육을 부탁했다. 열흘 만에 세수를 하고 죽을 한 사발 마셨다. 태연한 척했지만 별 생각이 다 났다. 꼭 살아서 돌아오라는 말을 듣고 회의장으로 향했다. 인민대회당 입구에서 중앙경위단(8341부대)원들이 수행원의 가방을 압수했다. 경위들은 살벌했다. 회의장 문 앞에 이르자 마오쩌둥 주석의 명령에 따라 총기를 휴대할 수 없다며 몸수색을 했다. 안경과 만년필도 무기 취급을 당했다. 안락의자와 등나무의자가 한 열씩 마주보고 있었다. 무장 경위의 안내로 등나무의자에 앉았다. 뒤에 거대한 체구의 경위단원이 서 있었다. 황융성(黃永勝)과 리쭤펑(李作鵬)은 나보다 늦게 왔다. 먼저 와 있던 추후이쭤(邱會作)

가 우리를 힐끔 쳐다봤다."

네 사람이 도착하자 저우언라이와 예젠잉이 베이징 군구 사령관 리더성(李德勝)과 함께 나타났다. 베이징 위수 사령관과 공안부장 등이 뒤를 이었다. 다들 자리에 앉자 저우언라이가 입을 열었다.

"네 사람은 린뱌오와 관계가 밀접했다. 마오쩌둥 주석과 당 중앙은 10일간 토의 끝에 너희들의 모든 직무를 정지시키기로 결정했다. 각자 적당한 곳으로 이동해 그간의 잘못에 대한 조사를 받으며 반성할 시간을 갖도록 해라. 네 사람은 혁명 과정에서 불멸의 공을 세웠다. 조사 받는 동안 모욕을 느끼거나 생활에 불편함이 없도록 하겠다. 가족도 우리가 돌볼 테니 염려하지 마라. 나 저우언라이를 믿어주기 바란다."

저우언라이는 황융성에게 한마디를 잊지 않았다.

"함께 전장을 누비던 시절이 그립다. 주석은 너를 신임했다. 어쩌다 우리가 이런 모습으로 마주하게 됐는지 답답하다."

황융성은 꼿꼿이 앉은 채 입을 열지 않았다. 무안해진 저우언라이가 이제 가보라며 손짓을 한 후 악수를 청했다. 황융성이 거절하지 않자 예젠잉과 리더성도 다가와 손을 내밀었다. 세 사람은 오랫동안 잡은 손을 놓지 않았다.

위수 사령관 우중(吳忠)이 황융성을 데리고 나가자 저우언라이가 우파셴에게 눈길을 줬다.

"너는 공군을 엉망으로 만들어버렸다. 조사 과정에서 문제를

원수 녜룽전(왼쪽 첫째), 허룽(왼쪽 셋째),
저우언라이(한가운데), 덩샤오핑(맨 오른쪽) 등과 함께
공원을 산책하는 마오쩌둥과 린뱌오(왼쪽 둘째).
1960년 1월 24일, 광저우.

일으키지 마라. 옛날 모습으로 다시 돌아올 날을 기다리겠다. 먹고 싶은 게 있으면 뭐든지 얘기해라. 다 보내주라고 지시하겠다."

우파셴은 무슨 말인지 알아들었다.

"무슨 일이 있어도 자살은 하지 말라는 의미였다. 내가 고개를 끄덕이자 저우언라이는 씩 웃었다. 총리는 내가 먹는 것을 얼마나 좋아하는지 잘 알았다. 젊은 시절, 나는 배가 고플 때마다 죽고 싶다는 말을 자주했다. 그럴 때마다 저우언라이는 찐빵과 국수를 사줬다. 주머니 사정이 좋을 때는 돼지고기도 실컷 먹여줬다. 내가 피아노 치며 영어노래를 부르면 생긴 것과 딴판이라며 재미있어 했다."

우파셴이 "전쟁터라면 몰라도 감옥에서 죽지는 않겠다"고 하자 저우언라이는 고개를 끄덕이며 웃었다. 옆에 있던 리쭤펑이 명당자리나 구해놓으라고 했을 때는 얼굴을 찡그렸다.

젊은 날 생사고락을 함께한 심복들

펑더화이 실각 후 군권을 장악한 린뱌오는 옛 부하들이 아니면 요직에 기용하지 않았다. 이날 체포된 네 사람은 수십 년간 린뱌오의 심복 중 심복이었다. 이들은 공통점이 있었다. 20세가 채 되기도 전에 혁명에 투신해 장정과 항일전쟁, 국·공내전에서 공을 세웠다. 청년 시절부터 린뱌오의 총애를 받았다.

문혁 초기 황융성은 광저우 군구 사령관이었다. 1967년 1월, 군구 간부들이 들고일어나자 린뱌오에게 전화를 걸었다. 린뱌오는 왕년의 부하를 실망시키지 않았다. 당일로 베이징으로 불러올려 안전한 곳에 보호했다. 광둥 성 혁명위원회가 발족하자 주임 임명장을 쥐어주며 금의환향시켰다. 마오쩌둥도 황융성을 신뢰했다. 2개월 후, 총참모장에 기용하겠다는 린뱌오의 제의를 군말 없이 승인했다.

황융성은 린뱌오 부부에게 감복했다. 숙소에 예췬의 친필인 '지금 세상에는 성현이 없다는 말을 믿지 않는다'(不信今朝無古賢)를 걸어놓고 맹세했다.

"무슨 상황이 닥치건 린뱌오 부주석에게 충성하겠다."

우파셴도 린뱌오 부부 덕에 목숨을 건졌다. 문혁 1년 전, 린뱌오는 우파셴을 공군 사령관으로 중용했다. 문혁이 시작되자 고위 간부들의 수난이 잇달았다. 얻어맞아 팔다리가 부러지고 엉금엉금 기어다니는 간부들이 속출했다. 우파셴이 제지하자 공군대학생들이 들고일어났다. 쇠몽둥이를 들고 사령관실로 몰려갔다.

우파셴은 먹을 것을 싸들고 산속으로 도망쳤다. 동굴에 숨는 바람에 목숨은 건졌지만, 하루 이틀도 아니고 굶어죽는 건 시간문제였다.

죽으라는 법은 없었다. 공군 말단 부대가 타이완 측의 미제 무인 정찰기를 격추시키는 사건이 발생했다. 린뱌오는 예췬을 우파셴 비판 집회장으로 보냈다.

문혁 시절, 예췬(앞줄 오른쪽 둘째)과 함께
만리장성에 오른 린뱌오의 4대금강(四大金剛)들.
앞줄 왼쪽부터 황융성, 우파셴, 리쭤펑.
뒷줄 왼쪽이 추후이쭤.

'꼬마 린뱌오' 우파셴, 린 부부 향해 무한 충성심

공군 사령관 우파셴은 열다섯 살 때 고향을 떠났다. 제 발로 홍군 유격대를 찾아갔다. 노래를 워낙 잘해서 귀여움을 받았다. 다섯 차례에 걸친 국민당군과의 전투에 한 번도 빠지지 않았다. 2년 후 청년 장군 린뱌오가 장교 계급장을 달아줬다.

홍군 역사상 최연소 장교이다 보니 여자들에게 인기가 많았다. 우파셴이 모는 자전거 뒷자리에 타본 여전사들은 한결같은 회고를 남겼다.

"남자는 매력이 있어야 한다. 잘생긴 건 별게 아니다. 우파셴은 미남은 아니었지만 보면 볼수록 귀여운 남자였다. 붓글씨도 잘 쓰고 자전거도 잘 탔다. 어디서 배웠는지 미국 민요를 잘 불렀다. 목소리가 곱고 발음도 기가 막혔다. 듣다 보면 봄바람 같았다. 피아노도 잘 쳤다. 요리도 잘했다. 전쟁이 끝나면 골목에서 작은 음식점 내는 게 소원이라는 말을 자주 했다. 찐만두와 국수 솜씨는 일품이었다."

우파셴은 장정(長征)도 처음부터 끝나는 날까지 참여했다. 항일전쟁 기간에는 남방유격대(신4군, 新四軍) 정치위원으로 전쟁터를 누볐다. 일본 패망 후에는 신4군을 이끌고 동북 땅을 밟았다. 동북민주연군 사령관으로 부임한 린뱌오는 옛 부하를 중용했다. 우파셴도 린뱌오를 실망시키지 않았다. 도처에서 국민당군을 격파했다. 생긴 건 판이했지만 '꼬마 린뱌오'라는 별명이 붙었다. 1955년,

1969년 4월 1일 개막한 중공 9차 전국 대표대회를 주재하는
마오쩌둥(앞줄 왼쪽)과 린뱌오(앞줄 오른쪽).
이 대회에서 린뱌오를 차기 집권자로 확정하고,
예천과 4대금강을 정치국원으로 선출했다.

중장 계급장과 함께 훈장이란 훈장은 다 받았다. 모두 린뱌오 덕이었다. 공군 사령관에 부임한 것도 마찬가지였다.

문혁 초기, 공군 조반파(造反派)들에게 맞아죽을 뻔했을 때도 우파셴은 린뱌오의 도움을 받았다. 조반파들은 우파셴이 숨어 있는 동굴을 포위했다. 당장 나와 비판을 받으라는 소리가 요란했다. 예천이 달려와 조반파들에게 불호령을 내릴 줄은 상상도 못했다.

예천은 임기응변에 능했다. 왕년의 명아나운서답게 카랑카랑한 목소리로 조반파들에게 쏘아붙쳤다.

"타이완 정찰기를 추락시킨 사람이 누군지 아느냐? 사령관이 직접 지휘했다. 너희들은 사령관이 도망갔다고 난리를 부리지만, 지금 사령관은 주석과 부주석의 위임을 받아 중요한 작전을 수행 중이다."

예천이 마오쩌둥과 린뱌오를 거론하자 조반파들은 군말 없이 산을 내려갔다. 위기를 넘긴 우파셴은 전군의 부총참모장까지 겸직했다. 정치국원에 임명하겠다는 린뱌오의 제의에 마오쩌둥은 토를 달지 않았다.

우파셴은 린뱌오의 은혜에 감격했다. 부하들에게 대놓고 말했다.

"나는 말로만 공군 사령관일 뿐이다. 린뱌오 부주석이 우리의 진정한 사령관이다."

사람들 입에서 린뱌오 얘기만 나오면 눈물을 줄줄 흘리며 훌쩍거렸다.

"내게 가장 중요한 것은 부주석의 만수무강이다. 내 머릿속에는 린뱌오 외에는 아무것도 없다. 린뱌오와 예천이 시키는 일이라면 내 판단은 아무 의미가 없다. 무조건 하겠다. 이유는 간단하다. 나는 린뱌오의 주구(走狗)다."

공군의 모든 문서 앞에 "부주석에게 충성한다"는 말을 명기하라고 지시했다.

우파셴의 린뱌오 부부에 대한 충성심은 끝이 없었다.

"하늘이 변하고, 땅이 변하고, 우주가 변해도, 부주석에 대한 나의 붉은 마음은 영원히 변치 않겠다. 나뿐만이 아니다. 후손들도 자손만대에 이르기까지 부주석의 충성스런 전사가 되리라고 확신한다. 바다가 마르고, 바위가 가루로 변해도 부주석의 은혜를 잊을 수없다."

두 살 어린 예췬에게는 "엄마로 부르고 싶으니 허락해달라"는 말까지 했다. 우파셴은 진실한 사람이었다. 아부가 극에 달했다고 아무도 손가락질하지 않았다.

"살아서도 죽어서도 함께하겠습니다"

린뱌오와 리쭤펑의 인연은 30여 년 전으로 거슬러 올라간다. 린뱌오는 항일군정대학 교장 시절부터 리쭤펑을 총애했다.

"나이는 어리지만 말수가 적고 음흉하다. 잘 키우면 재목감이다."

1962년 여름, 해군력 강화를 구상하던 린뱌오는 한직에 있던 리쭤펑을 해군 부사령관에 발탁했다.

리쭤펑은 지하 활동에 능했다. 많은 사람의 인심을 잃었다. 문혁이 발발하자 타도 대상으로 전락했다. 빠져나갈 구멍이 없었다. 1967년 4월, 비판장에 끌려나갔다. 보고를 받은 린뱌오는 예췬을

문혁 초기의 예천(앞줄 왼쪽 셋째)과 4대금강 부부.
앞줄 왼쪽에서 넷째가 우파셴.
뒷줄 왼쪽부터 리쭤펑, 황융성, 추후이쭤.

불렀다.

"내 옛 제자를 구해줘라."

예췬은 남편의 권력과 지위를 이용했다. 해군 조반파들에게 전화를 걸었다.

"부주석이 급한 일로 리쭤펑과 대화를 나누고 싶어 한다."

린뱌오는 풀려난 리쭤펑을 비밀장소에 숨겨놓고 보호했다. 안전한 곳으로 떠나는 리쭤펑의 등을 두드리며 안심시켰다.

"내가 살아 있는 한 너에 대한 비판을 허락하지 않겠다. 죽은 후에도 너에 대한 비판을 허락하지 않겠다."

린뱌오는 같은 말을 되풀이하는 습관이 있었다. 리쭤펑도 화답했다.

"함께하겠습니다. 살아서도 함께하고, 죽어서도 함께하겠습니다."

3년 후, 리쭤펑도 린뱌오의 배려로 정치국에 입성했다.

린뱌오의 4대금강 중 나머지 한 사람인 추후이쭤는 황융성, 우파셴, 리쭤펑보다 발탁 과정이 더 복잡했다.

린뱌오와 4대금강의 끈끈한 공생

린뱌오의 군 간부 요직 기용에는 특징이 있었다. 정치력을 겸비하고 혁명에 공이 있으면 금전이나 복잡한 이성 관계는 문제 삼지 않았다. 정치적 능력이나 혁명에 공이 없으면 주변이 깨끗해도 발탁하지 않았다. 군구 사령관 등 요직에 기용되는 사람은 린뱌오에게 한차례 호된 비판부터 받았다. 비판은 신임과 기용을 의미했다.

4대금강 중 추후이쭤는 황융성이나 우파셴, 리쭤펑에 비해 흠이

중국인민해방군 총참모장 황융성(맨 앞줄 오른쪽)과 함께
공군 훈련을 참관하는 린뱌오(오른쪽 둘째).
왼쪽부터 추후이쭤와 우파셴.

많았다. 여자관계가 복잡하고 도덕적으로 비난 받을 일이 많았다. 틈만 나면 여자 부하나 친구 부인들과 풍류를 즐기다 보니 어쩔 수 없었다. 린뱌오는 추후이쭤를 총애했다. 1966년 8월 중순, 후근부장(后勤部長)에 임명했다.

군 의과대학 홍위병들은 추후이쭤의 후근부장 부임에 분노했다. "품행이 단정치 못하고, 도덕이 뭔지를 모르는 사람"이라며 강당에 가두고 두들겨 팼다. 이듬해 1월 24일, 실신 상태에서 깨어난 추후이쭤는 감시원을 구슬렀다. 예췬에게 편지를 보냈다.

"살아서 나갈 수만 있다면 부주석 곁을 떠나지 않겠다."

린뱌오는 예췬을 의과대학으로 파견했다. 예췬은 홍위병들에게 린뱌오의 친필서명을 내밀며 추후이쭤를 강제로 끌어냈다. 예췬을 따라 나온 추후이쭤는 베이징 교외 샹산(香山)에서 린뱌오를 만났다. 다음 날, 생명의 은인 린뱌오를 기념하는 일기를 남겼다.

"25일 0시 40분, 나는 다시 태어났다. 나와 아내는 물론이고 자녀들도 이날을 영원히 잊어서는 안 된다. 린 부주석이 보낸 사람들이 찾는다는 말을 듣는 순간 목숨을 건졌다는 생각이 들었다. 그 감동은 가슴속에서 거대한 폭탄이 터지는 것 같았다. 진정제를 먹고서야 정신을 차릴 수 있었다. 참는 것도 한도가 있는 법, 아무리 참으려 해도 감격에서 나오는 뜨거운 눈물을 막을 길이 없었다."

추후이쭤는 예췬에게도 감사 편지를 보냈다.

"바다가 마르고, 바위가 가루가 돼도 내 마음은 변치 않겠다."

생일까지 1월 25일로 바꿔버렸다. 부인 후민(胡敏)은 린뱌오의 며느리와 사윗감을 물색하기 위해 전국의 10여 개 도시를 오가며 9,000여 명을 직접 만나봤다. 예췬도 추후이쭤를 함부로 대하지 않았다. 국화의 계절이 돌아오자 한 편의 시로 충성에 화답했다.

"가지를 품은 봉오리, 비록 시들지언정, 서풍(西風)에 흔들려 떨어지지 않겠다."

중앙문혁 소조 회의에서도 추후이쭤를 치켜세웠다.
"개국 이래 후근부장이 네 명 있었다. 그중 추후이쭤가 가장 훌륭한 부장이다."
린뱌오와 4대금강은 문혁이라는 특수한 시대에 서로 의존했다. 린뱌오는 발탁해서 보호하고, 4대금강은 권력을 만끽하며 린뱌오와 자신들의 반대세력을 제거했다. 추후이쭤만 해도 후근부장 재직 4년간 사설 감옥을 만들어 군 간부 462명을 저세상으로 보냈다.

루산 봉쇄령

"정권 쟁탈은 운동경기와 같다. 승자는 한 명이다."

소련 겨냥한 '1호 명령', 린뱌오와 마오쩌둥 결별의 단초

1969년 10월 18일, 쑤저우(蘇州)에서 휴양 중이던 린뱌오는 비서를 통해 총참모장 황용성에게 전화로 지시했다.

"이틀 후, 소련 대표단이 베이징에 온다. 회담은 소련 수정주의자들의 연막이다. 기습에 대비해야 한다. 중요 장비와 목표물을 은폐해라. 연락망을 강화하고 포 부대는 발사 준비를 완료해라."

황용성은 마오쩌둥의 허락 없이 린뱌오의 지시를 따랐다. 전군에 '1호 명령'을 발포(發布)했다. 마오쩌둥의 심기가 편할 리 없었다. 린뱌오의 지시에 '1호 명령'이란 명칭은 말도 안 됐다.

인간은 의심과 변덕의 노예다. 그래서 그런지, 개와 인간의 특성을 구분 못 하는 사람들은 인간이 개만도 못하다는 말을 종종 한다. 여러 이유가 있지만, 린뱌오에 대한 마오쩌둥의 신뢰는 '1호 명령'을 계기로 흔들리기 시작했다. 이듬해 5월에는 "정권은 무엇인가? 역량과 권력은 무엇인가? 별게 아니다. 군대만 있으면 다 된다"는 담화까지 발표할 정도였다.

군 지휘권을 놓고도 두 사람 사이에 묘한 기류가 형성됐다.

1967년, 군 기관지『홍기』(紅旗)는 "중국인민해방군은 우리의 위대한 영수 마오쩌둥 주석이 손수 만들고, 린뱌오 동지가 직접 지휘한 위대한 군대"라는 사론을 발표한 적이 있었다. 1970년 8월 1일 건군 기념일을 앞두고 건군의 주역과 지휘자를 놓고 애들 싸움 같은 논쟁이 벌어졌다. 중앙정치국회의에서 장춘차오(張春橋)가 "마오쩌둥 주석과 린 부주석이 직접 지휘한 중국인민해방군"이라고 하자 천보다(陳伯達)가 3년 전을 상기시켰다. "마오쩌둥 주석과"를 삭제하자고 주장했다. 장춘차오가 굽히지 않자 저우언라이는 당황했다. 마오쩌둥에게 달려가 일러바쳤다.

마오쩌둥은 꼴도 보기 싫다며 화를 냈다.

"우리의 군을 만든 사람과 지휘자는 한둘이 아니다. 나 한 사람도 아니고, 린뱌오 한 사람도 아니다. 우리 당의 수많은 동지가 군을 만들고 지휘했다."

8월 23일, 린뱌오와 마오쩌둥은 장시 성 루산에서 공석인 국가주석직을 놓고 정면충돌했다. 결별은 시간문제였다.

마오쩌둥 "나를 화로 위 조조로 만들지 마라" 측근에 경고

1949년 9월 21일부터 열흘간, 베이징에서 중국인민정치협상회의가 열렸다. 회의 첫날, 중공 주석 마오쩌둥을 중앙인민정부 주석으로 선출했다. 10월 1일, 마오쩌둥은 국가주석 자격으로 중화인민공화국 성립을 선포했다.

1959년 4월, 마오쩌둥은 "모든 정력을 중요한 문제에만 집중시키겠다"며 전국인민대표대회에 사직원을 제출했다. 류사오치가

충돌 초기의 마오쩌둥(오른쪽)과 린뱌오.
표정들이 심상치 않다.

마오쩌둥의 뒤를 이었다. 문혁이 발발하자 류사오치는 타도 대상으로 전락했다. 1969년 가을, 약 한 첩 제대로 못 쓰고 세상을 떠났다. 국가주석은 공석이 됐다.

보기 싫은 것들을 모두 없애버린 마오쩌둥은 국가주석제가 못마땅했다.

"있으나 마나 한 쓸데없는 자리, 없느니만 못하다."

1970년 3월 8일, 마오쩌둥은 헌법 개정과 국가체제 개혁, 국가주석 폐지에 관한 의견을 중앙정치국에 전달했다.

마오쩌둥의 건의는 지상명령이나 다름없었다. 9일 후, 저우언라이 주재하에 중앙공작회의가 열렸다. 헌법 개정을 놓고 토론을 벌였다. 만장일치로 마오쩌둥의 건의를 통과시켰다. 이때 린뱌오는 쑤저우에 있었다. 마오쩌둥에게 의견을 전했다.

"마오쩌둥 주석이 국가주석에 취임하기를 바란다."

중앙정치국은 토론회를 열었다. 다들 린뱌오의 의견에 동의했다.

마오쩌둥은 뜻을 굽히지 않았다.

"국가주석은 형식이다. 허직(虛職)은 없는 게 낫다."

이어서 특유의 어투를 구사했다.

"삼국시대에 이런 일이 있었다. 손권(孫權)은 조조(曹操)에게 황제가 되라고 권했다. 속셈이 따로 있었다. 조조를 화로 위에 올려놓고 구울 심산이었다. 너희들에게 당부한다. 나를 조조로 만들지 마라. 너희들도 손권이 되지 않기를 바란다."

린뱌오는 완강했다. 우파셴과 만난 자리에서 짜증까지 냈다.

"명분이 분명해야 국민이 순종한다. 무슨 조직이건 우두머리가 있어야 하는 것처럼, 국가에는 국가주석이 있어야 한다. 리쭤펑과 함께 개헌 논의 소조에 참여해라."

정치국은 헌법 개정에 착수했다. 캉성, 우파셴, 장춘차오, 리쭤펑 등이 머리를 맞댔다. 헌법이라는 게 있는 줄은 알았지만 처음 보는 사람이 대부분이다 보니 불평이 많았다. 우파셴이 특히 심했다.

"헌법인지 뭔지, 이런 게 왜 필요한지 모르겠다. 어제와 오늘이 다르다. 규정만 따르다 보면 되는 일이 하나도 없다. 무슨 일이 생기면 우리끼리 의논해서 결정하면 된다. 그래도 국가주석은 꼭 있어야 한다."

루산을 봉쇄하라

예췬은 린뱌오의 추종자인 마르크스주의 이론가 천보다에게 속내를 드러냈다.

"국가주석을 선출한다면, 남편이 가장 적합하다고 생각한다. 마오쩌둥 주석은 한 번 갔던 길은 다시 안 가는 사람이다. 사직을 자청했던 국가주석에 복직할 리가 없다. 부주석이 나서서 마오쩌둥을 국가주석에 추대하면 다들 찬성하겠지만 마오쩌둥은 사양할 것이 분명하다. 국가주석은 자연스럽게 린뱌오 몫이 된다."

예췬의 추측에는 근거가 있었다. 1년 전, 중공 제9차 대표자대회 첫 번째 회의에서 린뱌오가 주석단 주석을 권했을 때 마오쩌둥은 "나보다 린뱌오 동지가 적합하다"며 사양한 적이 있었다.

담벼락에도 눈이 있는 시절이었다. 마오쩌둥은 린뱌오가 국가주석직을 탐낸다고 판단했다. 중공 제9차 대표자대회 두 번째 회의를 소집했다.

"헌법 수정과 경제계획, 전쟁준비 강화 등을 토론하자."

회의 장소는 알리지 않았다. 다들 베이징이겠거니 했다.

문혁 시절 상하이 시 서기를 역임한 쉬징셴(徐景賢)은 1992년 봄, 홍콩의 한 월간지에 생생한 기록을 남겼다.

"1970년 초여름, 운무(雲霧)에 휩싸인 장시 성 루산에 봉쇄령이 내렸다. 노련한 정원사와 건물 수리공들이 줄지어 산으로 올라갔다. 성 간부들은 난창(南昌)과 주장(九江)의 요리사와 운전기사, 요식업소 접대원들을 직접 심사했다. 정치적으로 문제가 없는 사람들을 선발해 루산으로 보냈다.

규율이 엄격했다. 서신 왕래나 전화는 물론이고 자신이 와 있는 장소를 누설하지 않겠다는 각서에 서명을 받았다.

루산에는 거류민들이 많았다. 가장 번화한 지역인 중국 과학원과 식물원 인근에는 특히 많았다.

루산 범위 내에 있는 수천 명의 거주자들은 영문도 모른 채 엄격한 심사를 받았다. 적합 판정을 못 받은 사람들은 산에서 쫓겨났다. 절이나 도교사원에 남아 있던 승려와 도사들도 산에서 내려가라는 명령에 따랐다.

산이 텅 비자 무장군인들이 산을 에워쌌다. 주장 비행장은 온종일 뜨고 내리는 군용기 소리로 요란했다. 도처에 레이더 기지와 헬기 이착륙장이 설치됐다. 수목 사이사이에 무장군인들의 눈이 번득거렸다.

문혁 시절이었지만, 인간세상은 어쩔 수 없었다. 혁명이다 뭐다, 중국 천지가 요동을 쳤지만 놀러다니는 사람도 많았다. 유람객들은 무슨 영문인지 멍한 기색이었다. 멀리 있는 봉우리를 바라보며, 감탄만 하다 발길을 돌렸다. 천하의 명산에서 마오쩌둥과 린뱌오가 격돌할 줄은 상상도 못 했다."

핵심은 '국가주석제'였다

중국은 보안이 철저한 나라다. 중국인은 속이 깊다. 알아도 모른 체하기를 잘한다. 그러다 보니 음흉하다는 소리를 많이 듣는다. 장쩌민(江澤民) 집권 시절, 미국에서 전용기를 구입한 적이 있었다. 인도받은 후 정밀조사에 들어갔다. 도청장치가 백여 개 발견됐다. 중국은 이런 일로 대미관계에 금이 가기를 바라지 않았다. 미국에 항의하는 대신, 엉뚱한 소문을 국제사회에 퍼뜨렸다.

"총리 리펑(李鵬)이 장쩌민의 전용기에 도청장치를 했다."

마오쩌둥과 린뱌오의 공격수들이 국가주석제 유지와 폐지를 놓고 치고받은, 중공 제9차 대표자대회 두 번째 회의도 보안이 굉장했다. 1970년 8월 20일, 중공 중앙은 전국의 중앙위원 155명과 후보위원 100명에게 극비전문을 보냈다. 회의 장소와 시간은 극소수에게만 통보했다.

"한곳에 집결시킨 후, 개막 일자와 장소를 고지해라. 전용기나 특별열차 편으로 루산까지 이동한다. 보좌관들에게도 행선지를 밝히지 마라. 각자 두꺼운 솜옷을 준비해라. 주석의 명령이다."

중앙위원 중에는 군인들이 많았다. 워낙 비밀을 요하고, 겨울옷

천안문 성루의 린뱌오(오른쪽)와 천보다.
1967년 봄.

까지 준비하라는 바람에, 다들 전쟁이라도 일어나는 줄 알았다.

마오쩌둥은 국무원부총리 지덩쿠이(紀登奎)와 총참모장 황융성에게 베이징을 맡기고 루산으로 향했다. 린뱌오도 예췬과 함께 우파셴, 리쭤펑, 추후이쭤를 대동하고 베이징을 떠났다. 8월 23일, 루산극장에서 첫 번째 회의가 열렸다. 총리 저우언라이가 헌법 개정과 경제계획, 전쟁대비 태세 등 토론 주제를 선포했다. 헌법 개정은 국가주석제 폐지를 의미했다.

린뱌오 사망 후 30여 년간, 중국 정부가 주장해온 "린뱌오집단 반역행위"의 중요한 죄목은 국가주석에 관한 문제였다.

"마오쩌둥은 여러 차례 국가주석제 폐지를 천명했다. 린뱌오는 마오쩌둥의 속내를 뻔히 알면서도 주장을 굽히지 않았다. 루산회의 한 달 전, 예췬은 우파셴에게 국가주석제를 폐지시키면 린뱌오는 갈 곳이 없다는 말을 했다."

린뱌오 대신 공격수로 나섰다가 몰락한 천보다는 훗날 정부 주장과 상반되는 구술을 남겼다.

"나는 마오쩌둥 주석이 국가주석제 폐지를 여섯 차례 주장했다는 말을 들어본 적이 없다. 마오쩌둥 주석도 국가주석제를 반대하지 않았다. 중국은 농민이 많다며 국가주석에 합당한 사람은 천융구이(陳永貴) 외에는 없다는 말은 자주 했다.

회의 개막 전, 린뱌오와 마오쩌둥 주석은 방 안에서 밀담을 나

린뱌오의 붓 역할을 자청했던
천보다(오른쪽)의 사망 일주일 전 모습.
왼쪽은 천보다의 평전을 집필한 예융례(葉永烈).
1989년 9월 13일, 베이징.

녔다. 저우언라이와 나는 옆방에서 기다렸다. 서로 눈치를 보느라 엿들을 수도 없었다. 무슨 얘기들을 하는지 시간이 오래 걸렸다. 두 사람이 방에서 나오자 회의가 시작됐다.

예정에 없던 린뱌오가 첫 번째 발언을 했다. 원고를 준비한 사람 같지 않았다. 산회 후, 린뱌오에게 다가갔다. 주석과 의논했느냐고 물었더니 주석도 아는 내용이라며 고개를 끄덕였다."

우파셴도 중요한 증언을 남겼다.

"국가주석에 관한 의견들이 분분했다. 린뱌오 혼자 국가주석제를 고집했다는 말은 사실과 다르다. 루산회의에서 마오쩌둥이 대노한 것은 국가주석 때문이 아니었다. 많은 참석자가 부인 장칭을 호되게 비판했기 때문이다. 아무리 꼴 보기 싫어도, 배우자가 곤경에 처한 모습을 보고 기분 좋아할 사람은 세상천지에 없다. 상대가 마오쩌둥이다 보니 주석도 나이가 들면서 판단이 흐려졌다는 생각이 들었다."

마오쩌둥과 린뱌오 대결은 환자끼리의 싸움

마오쩌둥은 린뱌오가 국가주석직을 탐낸다고 의심했지만, 린뱌오의 생각은 확고했다.

"중국은 인구 10억의 대국이다. 단 하루도 국가원수가 없다는 것은 말이 안 된다. 나는 적합하지 않은 사람이다. 자격은 마오쩌둥 주석 외에는 없다. 국가주석은 출국할 일이 많다. 외국 국가원수가

마오쩌둥과 린뱌오는
문혁 때문에 가까워지고 문혁 때문에 멀어졌다.
문혁 초기, 중국을 방문한 북한 부수상 박성철(朴成哲, 왼쪽)을
맞이하는 마오쩌둥(가운데)과 린뱌오.

방문하면 답방도 해야 한다. 마오쩌둥 주석은 연로하다. 출국에 문제가 많다. 부주석이 대행해야 한다. 나는 부주석도 적합하지 않다. 건강이 엉망이기 때문이다. 내 몸은 상처투성이다."

실제로 린뱌오는 환자였다. 비서들의 증언도 한결같다.

"린뱌오는 일 년에 발을 두 번 닦았다. 물을 무서워했기 때문이다. 면전에서 비서들이 서류 넘기는 것을 싫어할 정도로 바람도 무서워했다. 고기는 물론이고, 생선이나 해산물도 입에 대지 않았다. 과일도 먹지 않았다. 집무실도 없고, 실내에 전화기도 없었다. 예췬과 같은 방도 쓰지 않았다. 가까이 오면 슬금슬금 피하기 일쑤였다. 이게 환자가 아니면 뭐가 환자인가."

문혁의 중심에 있으면서 문혁을 조롱했다.
"이건 무화(武化)대혁명이지 무슨 놈의 문화(文化)대혁명이냐."
예췬도 "린뱌오인지 뭔지 하는 인간이 내 청춘을 망가뜨렸다"는 일기를 남길 정도였다. 말년의 마오쩌둥도 환자이기는 마찬가지였다. 그것도 치유가 불가능한 의심병 환자였다.
병부치국(病父治國), 환자들의 통치는 동북아의 오랜 전통이었다. 멀쩡한 사람도 대권만 거머쥐면 서서히 환자로 변해갔다. 마오쩌둥과 린뱌오의 대결은 환자끼리의 싸움이었다. 그래서 복잡하다.

징강산의 추억
린뱌오가 마귀 소리를 들은 지 40여 년이 흘렀다. '중국 인민의 가장 우수한 아들'에서 하루아침에 '인류의 쓰레기'로 전락한 것을 보면 사회주의 국가의 권력이 얼마나 무서운지를 실감케 한다.

반론도 만만치 않았다.

"린뱌오는 마오쩌둥과 마오쩌둥 시대의 무덤을 판 장본인이다. 중국 현대사는 1971년 9월 13일, 린뱌오의 사망으로 줄기를 틀었다. 문혁 시절 마오쩌둥은 자신이 마르크스와 진시황을 합친 사람이라고 인정했다. 마르크스보다는 스탈린이 더 적합하다고 하지만 실제는 더 지독했다. 진시황과 스탈린, 히틀러를 합쳐도 마오쩌둥만은 못했다. 린뱌오는 지혜와 모략의 결정체였다. 강력한 힘을 가진 마오쩌둥과 대결하며 누구도 따라오지 못할 선택을 했다. 자신의 죽음으로 모든 문제를 해결했다. 마오쩌둥도 만회하기 힘든 상처를 입고 인생의 종점으로 한 발 한 발 다가갔다."

린뱌오의 죽음은 문혁을 겨눈 첫 번째 총성이었다. 덩샤오핑 집권 후, 중앙정치국 상무위원 한 사람이 린뱌오의 명예회복을 요구한 적이 있었다.

"역사는 사실에 충실해야 한다. 역사 왜곡은 국민과 당에 불리하다. 린뱌오는 반역을 도모한 적이 없다."

덩샤오핑은 얼버무렸다.

"그건 마오쩌둥과 린뱌오에게 요구했어야 할 문제다. 내게 더 이상 말하지 마라."

마오쩌둥과 린뱌오는 1928년 4월 28일, 징강산(井岡山)에서 처음 만났다. 마오쩌둥은 린뱌오의 재능을 한눈에 알아보고 애지중지했다. 무슨 주장이라도 하면 "어린애가 뭘 아느냐"며 면박도 잘

중국 홍군의 아버지 주더(맨 오른쪽)와 함께
만찬에 참석한 린뱌오(오른쪽 둘째).
1968년, 인민대회당.

쳤다. 린뱌오의 얼굴이 홍당무가 되면 "저것 보라"며 재미있어 했다. 툴툴대는 모습을 바라보며 귀여워하는 표정이 역력했다. 당시 린뱌오는 주더의 부하였다.

1965년 5월, 고희를 넘긴 마오쩌둥이 징강산을 찾았다. 8일간 일반 객실에 머무르며 지난날을 회상했다. 린뱌오에게 자작시 한 수를 보냈다.

"오랜 세월, 꿈길에서 구름을 넘나들다 다시 징강산에 올랐다. 천리 밖에서 옛 땅 찾아오니, 옛 모습이 새 얼굴로 변했다…."

4년 후 '마오쩌둥의 친밀한 전우이자 계승자'가 된 린뱌오도 군 사령관들을 데리고 징강산에 올랐다. 마오가 묵었던 방에 짐을 풀고, 밤만 되면 산책을 나갔다. 폭동에 실패하고 산에 오른 주더와 마오쩌둥이 처음 만났던 나무 밑에 앉아 시간 가는 줄 몰랐다. 수행원들에게 한마디 하는 것도 잊지 않았다.

"나는 똑똑히 기억한다. 이 나무는 백 년이 넘었다. 우리는 이 그늘에서 숨을 돌리며 잡담을 나눴다. 주석은 나를 놀리며 즐거워했다. 정권 쟁탈은 운동경기와 같다. 승자는 한 명이다. 정권을 탈취하려면 총과 붓이 필요하다. 우리에겐 글쟁이가 없다. 총과 붓은 인간의 두 팔과 다를 게 없다."

마오쩌둥과 결별 굳힌 린뱌오, 노동절 행사서 안면몰수

펑더화이 몰락 후 개국공신과 무인들의 액운은 그칠 날이 없었다. 린뱌오는 전쟁 시절 어느 구석에 있는지 보이지도 않던 이론가들이 전면에 나서는 것을 경계했다. 직접 마땅한 사람을 물색했다. 문혁 초기 천보다는 당 서열 5위였다. 마오쩌둥의 정치비서를 역임한 대표적인 마르크스주의 이론가였지만 투기성이 농후했다. 마오의 신임을 잃자 린뱌오에게 접근했다. 린뱌오 부부는 제 발로 찾아온 붉은 수재를 상객(上客)으로 모셨다. 마오의 심기가 편할 리 없었다.

국가주석 문제로 마오와 충돌한 린뱌오는 불평을 가누지 못했다. 마오의 성격과 품성까지 물고 늘어졌다. 잘못을 인정하는 권고를 받고도 뜻을 굽히지 않았다. 예친 앞에서 가혹할 정도로 마오를 비난했다.

"주석과 스탈린의 저작물은 읽을 가치가 없다. 문혁은 미친 짓이다. 대약진운동도 정신 나간 사람이 벌인 일이다. 주석은 인민의 생계에 관심이 없다. 자신의 명예와 지위, 권력과 이익에만 치중한다."

속으로는 그랬지만 겉으로는 3불(三不)정책을 고수했다.

"마오의 결정에 관여하지 않는다. 비판하지 않는다. 나쁜 소식은 전하지 않는다."

마오쩌둥은 린뱌오의 속을 꿰뚫고 있었다. 지방을 순회하며 군 간부들에게 린뱌오를 비난했다.

"루산회의는 끝나지 않았다. 나를 해치려는 무리들이 여전히 당내에 잠복해 있다."

린뱌오(오른쪽 둘째)와 마오쩌둥(왼쪽 셋째)의 마지막 만남.
1971년 5월 1일 밤, 천안문 성루.
4개월 후 린뱌오는 몽골 사막에서 비행기 추락으로 사망했다.

린뱌오는 마오의 한마디 한마디를 휴양지에서 보고받았다. 염증을 느끼자 마오쩌둥의 추악한 면만 눈에 들어왔다. 린뱌오는 마오와 결별을 결심했다. 1971년 5월 1일 밤, 천안문 광장에서 노동절 기념 불꽃놀이가 열렸다. 시아누크(Norodom Sihanouk, 캄보디아 국왕)와 함께 나타난 마오쩌둥은 당황했다. 항상 먼저 와서 기다리던 린뱌오의 모습이 보이지 않았다. 저우언라이는 텅 빈 마오의 앞자리를 바라보며 안절부절못했다. 연신 시계를 보며 어딘가 전화를 거느라 분주했다. 린뱌오가 휘청거리며 나타나자 안도의 한숨을 내쉬며 손등으로 식은땀을 닦았다.

린뱌오는 마오에게 눈인사도 보내지 않았다. 민망한 마오는 시아누크에게 계속 말을 걸며 딴청을 부렸다. 린뱌오는 5분도 못 돼 자리를 떴다. 마오와 악수도 나누지 않고, 참석자 누구와도 아는 체를 안 했다. 이게 둘의 마지막 만남이었다. 징강산에서 마오를 처음 만난 지 43년 후였다.

1967년 10월, 경호원들과 함께한
예천과 린뱌오(두 번째 줄 왼쪽 셋째와 넷째),
딸 더우더우와 아들 리커(앞줄 오른쪽 둘째와 셋째).

혁명과 여인 2

중국 혁명을 지원하기 위해
옌안을 찾은 캐나다 의사 노먼 베쑨은
한 여학생에 대한 찬사를 잊지 않았다.
"몇 개월 전만 해도, 이 학생은 사치와 향락의
늪에 빠져 있던 뭇 남성들의 애완물이었다.
지금은 묽은 좁쌀죽과 호박으로
끼니를 때우는 게 고작이지만 소나무를
오르는 다람쥐처럼 활발하고 패기가 넘친다."
노먼 베쑨은 이 여학생이 마오쩌둥의
부인이 되리라곤 상상도 못 했다.
이듬해 세상을 떠나는 바람에 중국 역사상
가장 파괴적인 여인이 되는 것도 보지 못했다.

연예인 장칭

"구름처럼 창공을 떠돌아라.
잠시 산봉우리에 쉴지언정 머물지는 마라."

"장칭이 마오 만난 탓에 중국 예술사 몇 장 잘렸다"

1976년 10월 6일 밤, 중공 원로들이 4인방(四人幫)을 체포했다. 명목은 격리심사였다. 거사의 주역들은 네 사람을 중앙경위단이 관할하는 지하실에 감금했다. 마오쩌둥의 부인 장칭도 엉뚱한 곳에서 첫 밤을 보냈다. 남편 사망 20여 일 후였다.

장칭은 나름대로 대우를 받았다. 26년 후, 감시 책임자였던 군 간부가 구술을 남겼다.

"장칭은 왕훙원(王洪文)이나 장춘차오, 야오원위안(姚文元)과는 신분이 달랐다. 누가 뭐래도 마오 주석의 부인이었다. 4인방의 수괴라 할지라도 신경을 썼다. 양탄자가 깔린 커다란 방에 제대로 된 침상과 손잡이가 있는 안락의자를 준비했다. 입식 세면대와 좌식 변기, 커다란 욕조 등 위생시설도 완벽했다. 조사실에 갈 때도 평소 입던 의복을 착용케 하고 수갑도 채우지 않았다. 하루 세 끼는 중난하이의 간부식당에서 자동차로 공급했다."

장칭은 사과와 잡곡밥을 좋아했다. 생활도 규칙적이었다. 태극
권을 하루도 거르지 않았다. 1976년 12월 26일 새벽의 모습은 감
시자들의 가슴을 찡하게 했다.

"일찍 일어나 『마오쩌둥 선집』을 펴들고 벽에 걸린 남편의 사
진을 뚫어지게 바라봤다. 한동안 눈을 감고 깊은 생각에 잠긴 듯
하더니 갑자기 눈물을 흘렸다. 온 얼굴이 눈물투성이였다. 무슨
생각을 하는지 우리는 알 길이 없었다. 그날은 마오 주석의 생일
이었다."

4인방 체포 소식이 알려지자 장칭에 관한 온갖 소문이 꼬리를
물었다.
"문혁 시작 얼마 후부터 주석은 장칭을 꼴도 보기 싫어했다."
장칭의 비서들은 한결같이 부인했다.

"말 같지 않은 소리다. 장칭은 중앙문혁 소조의 제1부조장이
었다. 주석의 비준이 없었다면 불가능한 일이다. 문혁 초기 장칭
은 댜오위타이(釣漁臺)에 머물렀다. 오후에 회의가 없는 날엔 거
의 매일 주석이 있는 곳으로 갔다. 장칭이 주석의 숙소로 가는 것
은 일 마치고 집으로 가는 것이지 특별한 일이 있어서가 아니었
다. 주석이 장칭을 멀리한 것은 사망 몇 년 전부터였다."

세상에 약점 없는 사람은 없다. 살다 보면 약점이 있기 마련이다.

1930년대 중반, 상하이에서 연기자 생활을 할 때 장칭은 자기 관리에 소홀했다. 유명세를 타기 위해 일부러 그랬다는 말도 있지만, 가는 곳마다 남자 문제로 사고를 쳤다.

마오쩌둥과 결혼하면서 쑥 들어갔던 전설들이 몰락과 동시에 다시 튀어나와 사람들을 즐겁게 했다. 대표적인 것이 세 가지 가짜였다.

"장칭의 두발은 가짜다. 가슴과 엉덩이도 마찬가지다. 가짜가 아니라면 여자를 좋아하던 주석이 멀리했을 리가 없다."

이 정도는 점잖은 편에 속했다.

모 간부가 했다는 말을 직접 흉내 내며 옮기고 다니는 사람도 있었다.

"나는 천지간에 무서울 게 없는 사람이다. 전쟁터에서 총알이 빗발쳐도 공포를 느낀 적이 없다. 딱 한 가지 무서운 게 있었다. 오밤중에 장칭의 호출을 받으면 정말 무서웠다."

입소문에만 그치지 않았다. 번듯한 출판사에서 낸 책에 "문혁 시절, 한 간부가 내게 사진을 보여줬다. 손바닥만 한 수영복을 입은 장칭이 왼손으로 야오원위안을 끌어안고, 오른손으로 장춘차오의 얼굴을 어루만지는 모습이었다. 정말 보기에 흉했다"는 내용이 실릴 정도였다. 세월이 흐르자 6년간 장칭의 신변을 거들던 사람들이 입을 열었다.

"장칭의 두발은 일품이었다. 새까맣고 윤기가 돌았다."

중앙문혁 소조 부조장 시절인 1967년 11월 4일,
홍위병들에게 둘러싸인 장칭(맨 왼쪽).
장소는 천안문 성루로 추정.

간호사를 겸했던 여비서는 분노를 감추지 못했다.

"밥 배불리 먹고 할 일 없는 것들이 멋대로 만들어낸 말이다. 장칭은 용모나 몸가짐이 단정했던 사람이다. 그 어떤 여인도 따라올 사람이 없었다. 장식을 싫어했고 화장품도 사용한 적이 없었다. 패물은 거들떠보지도 않았다. 장칭을 장제스의 부인 쑹메이링(宋美齡)과 비교하는 사람을 볼 때마다 장칭에 대한 결례라며 한 대 후려갈기고 싶었다. 장칭의 문화수준은 쑹메이링을 능가했다. 사람 됨됨이도 고급이었다. 본명인 리윈허(李雲鶴)처럼 구름(雲) 위의 학(鶴) 같은 여인이었다. 복잡한 시대에 태어나 마오 주석을 만나는 바람에 중국 예술사는 몇 장이 잘려나갔다고 봐도 된다. 사나웠다고 비난들을 하지만, 바보 멍청이가 아닌 다음에야 나이 들어서 그 정도 사납지 않은 여자 있으면 나와보라고 해라."

문혁 시절 장칭에게 밉보여 감옥까지 갔다 온 비서들의 증언이다 보니 권위가 있었다. 장칭의 전화 받기가 무서웠다는 전설적인 인물도 말년에 분노를 드러냈다.

"정권 잡은 자들이 의도적으로 만들어낸 말이다. 장칭을 모욕하고, 나를 모욕하고, 역사를 모욕하고, 마오 주석의 형상에 오물을 끼얹었다. 장칭은 주석의 부인이며 정치국원이었다. 지위와 권력은 말할 필요도 없었다. 주변에 10여 명의 요원들이 늘 눈을 부라리고 있었다. 규칙에서 벗어난 행동을 할 기회나 장소가 없었다."

장칭은 총명한 여인이었다. 행운만 계속되는 사람은 없고, 고난도 인생의 한 부분이라는 것을 누구보다 잘 알았다. 남에 의해 들통이 날지언정 제 손으로 삶을 마감하는 날까지, 자신의 비밀을 누구에게도 말하지 않았다.

'연예인 장칭' 뒷담화 보고서, 훗날 피바람 진원지

마오쩌둥이 장칭과 결혼한 것은 '실패한 선택'이라는 설이 한동안 지배적이었다. 마오나 장칭의 주변에 오래 머물렀던 사람은 동의하지 않았다.

"권위를 자랑하는 서적마다 이런 주장을 반복한다. 장칭이 중국인을 불안하게 만든 건 문혁 시절이었다. 마오쩌둥은 1930년대에 장칭을 배우자로 선택했다. 남녀관계는 시간이 갈수록 변하게 마련이다. 연애를 시작할 무렵 마오는 중국 혁명의 영수(領袖)였고, 장칭은 상하이의 안락한 생활을 뒤로 한 진보적인 젊은 여성이었다. 두 사람의 결합은 이상할 게 없었다. 주석이 장칭의 과거를 몰랐기 때문이라고 말하지만 사실 여부는 알 길이 없다. 영수 이미지와 당의 이익을 내세우며 결혼에 반대한 사람들도 동기가 순수하지 않았다."

신중국 초기의 마오쩌둥과 장칭(왼쪽).
1954년 봄, 베이징 중난하이.

소녀 시절 장칭의 꿈은 연극배우였다.
1932년 칭다오(青島)대학 도서관 직원 시절,
실험극단 단원들과 야유회를 나온 장칭(왼쪽 셋째).

1938년 가을, 마오쩌둥은 장칭과 결혼을 결심했다. 장칭을 못마 땅해하는 정치국원이 한둘이 아니었다. 상하이 지하당에 지시를 내렸다.

"구 사회의 건달들과 어울린 배우 출신이다. 남녀관계도 지저분할 정도로 복잡하다. 주석은 이 점을 잘 모른다. 행적을 상세히 파악해 보고해라."

못된 소문만 골라서 보고하라는 것과 다름없었다.

장칭의 라이벌 왕잉

상하이 지하당은 장칭에 관한 소문 수집에 나섰다. 연예계 인사를 찾아다니며 사실 여부를 확인했다. 장칭과 가까운 줄 알았던 영화계의 재녀 왕잉(王瑩)도 호의적이지 않았다. 지하당원들은 영화계가 얼마나 살벌한 판인지 잘 몰랐다. 훗날 줄초상을 몰고 올 보고서를 옌안으로 보냈다. 보고서는 마오의 결정에 영향을 미치지 못했다.

왕잉은 당시 여배우 중 별종에 속했다. 혁명 만화가 딩충(丁聰)의 회고를 소개한다.

"왕잉은 용모가 단정하고 소박했다. 전혀 연예인 티가 안 났다. 분 냄새 풍기고 다니는 배우들과는 격이 다른, 영화계의 황후감이었다. 평론가들의 의견도 일치했다. 어릴 때부터 미션스쿨

상하이 중국공학 재학 시절의 왕잉.

을 다닌 덕에 영어도 유창했다. 명문 상하이예술대학과 푸단(復旦)대학, 중국공학에서 희극과 문학을 전공한 재원이었다."

미국 여류작가 펄 벅(Pearl Buck)도 왕잉을 찬양하는 회고를 남겼다.

"그냥 배우가 아니었다. 탁월하고, 아름답고, 겸손했다. 게다가 훌륭한 희극가이며 빼어난 작가였다. 중국의 우수한 여인들을 대표하고도 남을 정도였다. 장칭과 라이벌이었지만 티를 안 냈다."

대화가 쉬베이훙(徐悲鴻)도 예외가 아니었다. "모든 사람에게 추앙받는 여장부"라며 직접 그린 초상화를 선물했다.

1932년을 기점으로 중국 영화계는 좌회전했다. 내우외환에 시달리다 보니, 현실을 소재로 한 영화가 환영을 받았다. 경영난에 봉착한 제작자들은 왼쪽을 두리번거렸다. 좌익 영화는 새로운 스타 발굴에 나섰다. 질질 짜는 역이나 소화하던 여배우들에게는 신여성 기질을 찾아보기 힘들었다. 학력이 높고 인상이 좋은 왕잉을 놓칠 수 없었다. 열일곱 살 때 중공에 입당했다는 말을 듣고는 딱이라며 무릎을 쳤다.

1933년 상하이 영화계는 70여 편을 시장에 내났다. 그중 40여 편이 좌익영화였다. 왕잉이 주연을 맡은 영화는 제작자들을 실망시키지 않았다. 왕잉은 '비구니 스타'였다. 기자들의 방문을 거절하고, 촬영이 없는 날엔 영화사 출입도 안 했다. 방문을 걸어닫고 독서에만 열중했다. 사회 명사라 일컫는 사람들의 초대도 한 귀로 흘렸다. 유행하던 댄스홀에도 나타나는 법이 없었다. 항상 저렴한 남색 옷을 걸친 평범한 여대생 모습이었다. 짙은 화장에 농염하고 묘한 분위기를 풍기는 여배우들과는 거리가 멀었다.

같은 해, 장칭도 무대에 모습을 드러냈다. 입센(Henrik Ibsen)의 「인형의 집」에서 노라 역을 맡아 인기를 얻었다. 장칭은 여류화가 위펑(郁風)과 한방에 하숙하며 왕잉과는 친자매처럼 붙어다녔다.

왕잉은 상하이에 안주하지 않았다. 펄 벅의 초청으로 미국 유학을 떠났다. 왕잉의 빈자리는 장칭의 몫이 아니었다. 대신 왕잉이 거절하던 모든 행사에 빠짐없이 얼굴을 내밀었다. 호사가들일수록 여자 문제에 입이 싼 것은 예나 지금이나 마찬가지. 장칭의 이름이 남자들 입에 오르내리기 시작했다.

귀국한 왕잉은 1935년 「자유신」(自由神)으로 화려하게 영화계에 복귀했다. '자유의 여신'이라는 별명이 붙어다녔다. 이 영화에서 장칭은 단역을 겨우 따냈다. 포스터에 자신의 이름을 써달라는 간절한 요청도 거절당했다.

독기가 없으면 남자가 아닌 것처럼, 질투할 줄 모르면 여자가 아니다. 장칭의 왕잉에 대한 질투는 「자유신」을 계기로 시작됐다. 30년 후 짜릿한 보복을 할 날이 올 줄은 상상도 못 했다.

1968년, 우리말로는 도저히 표현이 불가능한, 중앙문혁 간담회 비슷한 것이 열렸다. 장칭을 제외한 전원이 서명한 서신을 마오쩌둥과 린뱌오에게 보냈다.

"1937년 장칭이 상하이의 잡지에 기고한 글을 최근에 발견했다. 꼼꼼히 읽어본 참석자들은 동일한 결론을 내렸다. 장칭은 30년대에 이미 무산계급 혁명가로 손색이 없었다."

서신을 읽은 마오쩌둥은 결재를 의미하는 동그라미를 그린 후 몇 자 첨가했다.

"나는 진작 알고 있었다."

무대의 루저 장칭, 문혁 깃발 들고 30년 만의 복수극

1868년 봄, 쑤저우의 상인 집안 아들 훙쥔(洪鈞)이 장원급제했다. 서태후가 수렴청정을 시작할 무렵이었다. 4년 후 안후이 성 서(歙) 현(縣)의 자오(趙) 씨 집안에 여자아이가 태어났다. 사주가 심상치 않았다.

"장차 화류계에 진출하면 큰일을 하겠다."

자오 씨는 운명론자였다. 차이윈(彩雲)이라는 이름을 지어줬다.

"구름처럼 창공을 떠돌아라. 잠시 산봉우리에 쉴지언정 머물지는 마라. 타고난 팔자는 어쩔 수 없다."

훙쥔은 국제정세에 밝았다. 학자로도 손색이 없었다. 글씨도 명필 소리를 들었다. 여자를 너무 밝힌다는 소리를 들었지만, 흉이 될 정도는 아니었다. 서태후는 훙쥔을 총애했다. 무슨 일이건, 맡기면 안심이 됐다.

차이윈은 어릴 때부터 이름에 걸맞게 놀았다. 화장대 앞을 떠나지 않고 사교성도 뛰어났다. 열세 살 때 화선(花船, 기녀들을 태운

놀잇배)에 올라 술을 따랐다. 화선 생활 몇 개월 후, 모친상으로 휴가 중이던 홍쥔을 만났다.

홍쥔은 마작을 좋아했다. 친구들과 판을 벌일 때마다 차이윈을 불렀다. 한번 부르면 놔주지 않았다. 친구들이 "번거롭게 굴지 말고 데리고 살라"고 권하자 차이윈의 부친을 찾아갔다. 담판과 흥정을 병행했다. 홍쥔에게는 부인과 첩이 한 명씩 있었다. 조강지처는 평범한 집안 출신이었지만, 첩은 장원(장원급제한 사람)의 딸이었다.

차이윈의 할머니가 "첩은 절대 안 된다"며 고집을 부렸다. 그게 그거였지만, 두 번째 부인으로 삼겠다고 둘러대자 돈을 요구했다. 홍쥔이 응하자 자오 씨도 동의했다. 홍쥔 쉰 살, 차이윈 열네 살 때였다.

서태후는 평소 남녀문제에 관대하기도 했지만 상대가 홍쥔이다 보니 "국가의 녹을 먹는 고관이, 그것도 나이깨나 먹은 놈이 상중에 어린 기녀와 어울렸다"는 말을 듣고도 모른 체했다. 1887년, 서태후는 홍쥔을 러시아·프랑스·오스트리아·네덜란드 4개국 전권 대사에 임명했다. 장원 출신으로는 중국 최초의 외교관이었다. 홍쥔의 부인은 중국을 떠나기 싫어했다.

"오랑캐들이 우글거리는 땅에 가기 싫다. 천하디 천한 차이윈인지 뭔지, 저거나 데리고 가라."

부인의 허락을 받은 홍쥔은 차이윈을 수행원 명단에 올렸다. 홍쥔은 타고난 역사가였다. 해외에 체류하는 동안 서구에 흩어진 중국 관련 자료를 닥치는 대로 수집해 섭렵했다. 불모지였던 원사(元史) 연구에 거대하다고 해도 좋을 업적을 남겼다. 인간이 존재하는 한 세상은 요지경이기 마련, 훙쥔이 연구에 바쁜 틈을 이용해 차이원은 유럽 생활을 만끽했다. 서구의 외교관·장군들과 인연을 맺었다. 특히 독일인들에게 호감을 샀다. 베를린에서 아들을 출산했다. 3년간 외교관 생활을 한 훙쥔은 귀국 직후 사망했다. 이어서 아들마저 사망하자 차이원은 무일푼으로 집을 나왔다. 쫓겨난 거나 마찬가지였다. 제 발로 기문(妓門)을 찾아갔다. 싸이진화(賽金花)라는 기명(妓名)으로 베이징·톈진(天津)·상하이를 오가며 남북의 한량들을 희롱하다 1936년 10월, 베이징에서 병사했다.

싸이진화 사망 4개월 전, 상하이의 한 문학잡지에 「새금화」(賽金花), 즉 「싸이진화」라는 극본이 실렸다. 작자는 샤옌(夏衍), 낯선 이름이었다. 샤옌은 무명인이 아니었다. 「싸이진화」에서 샤옌이라는 필명을 처음 사용하다 보니 영화계 인사들조차 몰랐을 뿐, 널리 알려진 인물이었다. 1985년 샤옌은 회고록에서 「싸이진화」 창작 동기를 밝혔다.

"우연이었다. 당시 나는 백계 러시아인이 운영하는 작은 아파트에 살고 있었다. 신문 보는 것 외에는 딱히 할 일이 없었다. 톈진에서 발행하는 『대공보』(大公報)에 싸이진화의 사연이 실린 것을 보고 묘한 느낌이 들었다. 일세를 풍미하던 대인물들보다 사연 많은 기녀의 일생에 더 흥미를 느꼈다. 무대에 올리고 싶다는 충동을 주체할 수 없었다."

작가가 누군지 알려지자 주연을 놓고 경쟁이 치열했다. 「인형의

문혁 시절 샤옌은 죽다 살아났다.
1990년 여름, 베이징 뤄구샹의 자택에서
「싸이진화」 창작 시절을 회상하는 샤옌(오른쪽).

집」에서 노라 역으로 명성을 얻은 란핑(藍蘋)은 대본을 접하자 손이 떨렸다. 친자매처럼 붙어 다니던 왕잉도 흥분을 감추지 못했다. 란핑은 샤옌의 집과 사무실을 수없이 노크했다. 진땀 흘리며 만나기를 애걸했지만 끝내 거절당했다.

싸이진화가 죽자 주역 경쟁은 점입가경, 란핑과 왕잉은 "싸이진화 역을 소화할 사람은 나밖에 없다"며 양보할 기색이 없었다. 온갖 뒷말이 꼬리를 이었다. 난처해진 샤옌은 공개 심사를 결정했다. 심사위원들은 왕잉의 손을 들어줬다. 란핑과 왕잉이 철천지원수로 변했다는 소문이 상하이에 파다했다. 사실은 소문보다 더 심각했다. 「싸이진화」는 연속 20차례 무대에 올랐다. 관객 3만여 명이 왕잉의 연기에 박수를 보냈다. 패배한 란핑은 이를 악물었다. 무대를 떠나기로 결심했다.

30년이 흘렀다. 1967년 2월, 붉은 완장을 찬 홍위병들이 베이징 교외에 있는 왕잉의 집을 덮쳤다.

"중앙문혁의 명령을 집행한다."

중앙문혁은 장칭의 대명사나 다름없었다. 왕잉은 죽음을 직감했다. 이제는 장칭이 된 란핑의 성격을 누구보다 잘 알았다.

소문이 무성한 영화배우 란핑

1936년, 상하이 연예계는 왕잉의 해였다. 「싸이진화」에서 주역을 따낸 왕잉의 인기는 화려한 도시의 밤하늘을 수놓았다. 무대뿐만이 아니었다. 여배우들이 군침을 삼키던 미남배우 진산(金山)의 연인 자리도 꿰찼다.

장칭과 왕잉(왼쪽).
연도 미상.

양지가 있으면 응달도 있는 법. 왕잉의 명성이 치솟을수록 경쟁자 란핑의 인기는 시들해졌다. 여론도 가혹했다. 연일 란핑의 남성 편력을 보도했다. 현 중공 중앙정치국 상무위원 겸 전국정치협상회의 주석인 위정성(兪正聲)의 부친인 신중국 초대 톈진 시장 황징(黃敬)과 영화평론가 탕나(唐納) 등 수많은 남성의 이름이 삼류 잡지를 장식했다.

1991년 여름, 서울을 방문한 여류화가 위펑은 몇 개월 전 제 손으로 삶을 마감한 장칭을 회상했다.

"장칭이 란핑이었던 시절, 두 사람은 한방에서 하숙한 적이 있었다. 여론이 악화되자 란핑은 생활고에 시달렸다. 자존심은 여전했다. 누가 밥을 사겠다고 하면 오늘은 속이 불편하다며 사양했다. 사과를 좋아했지만 과일가게를 그냥 지나치는 일이 많았다. 부도덕한 여자라며 손가락질을 받을수록 맷집도 단단해졌다. 내놓고 영화감독 장민(張泯)과 동거에 들어갔다. 장민에게는 샤오쿤(蕭棍)이라는 예쁜 부인이 있었다. 이혼당한 샤오쿤은 오빠 샤오싼(蕭三)이 있는 옌안으로 갔다."

시인으로 널리 알려진 샤오싼은 마오쩌둥의 친구였다. 그냥 알고 지내는 사이가 아니었다. "영광스럽게도 마오쩌둥과 초등학교와 사범학교를 함께 다녔다. 마오가 만든 학회에도 참여했고, 베이징과 상하이 시절도 고난을 같이 나눴다. 내가 프랑스 유학을 떠나는 날에도 직접 부두에 나와 이별을 슬퍼했다"로 시작되는 『마오

1935년, 항저우(杭州)에서
변호사 선쥔루(沈鈞儒, 앞줄 왼쪽 둘째)의 주례로
영화평론가 탕나(맨 뒷줄)와
합동결혼식을 올린 장칭(오른쪽 셋째).

쩌둥 동지의 청소년 시절』(毛澤東同志的淸少年時代)이라는 저술을 남길 정도로 가까운 친구였다. 친정 오빠를 만난 샤오쥔은 신세타령부터 늘어놨다. 란핑의 이름이 빠질 리 없었다.

마오쩌둥과 한담을 나누던 샤오쌴이 상하이의 연예계 얘기를 꺼냈다. 란핑의 스캔들이 화제에 올랐다. 호기심 많은 마오는 어떤 여자인지 한번 보고 싶었다. 당장은 방법이 없었다. 1년 후, 제 발로 옌안에 오리라곤 상상도 못 했다.

혁명의 성지 속으로

"남녀관계는 누구의 간섭도 받을 필요가 없다.
현재 우리의 심정을 이해해주기 바란다."

옌안으로 간 란핑

1937년 7월, 항일전쟁의 막이 올랐다. 상하이의 연예계는 들썩거렸다. 구망연극대(救亡演劇隊)를 결성해 전선으로 나갔다. 그래야 사람 대접을 받았다. 왕잉도 진산과 함께 전쟁터로 향했다. 란핑도 짐을 꾸렸다. 이집 저집 다니던 청소부가 구술을 남겼다.

"그날따라 란핑의 방안이 어수선했다. 커다란 가방이 있는 것을 보고 이사라도 가는 줄 알았다."

란핑은 청소부에게 사정을 털어놨다.

"나의 무대 생활은 끝났다. 상하이에는 더 이상 내 몸을 숨길 곳이 없다. 먼 곳으로 갈 생각이다. 멀리 가서, 높은 하늘을 보며 살고 싶다. 비밀을 지켜주기 바란다. 아무에게도 말하지 마라. 묻는 사람이 있거든 고향으로 돌아갔다고 해라. 어두워지면 소리 없이 이 도시를 떠나겠다."

배우 시절 장칭(왼쪽)이 출연한 영화의 한 장면.

란펑은 청소부가 만들어준 볶음밥을 먹고 어둠 속으로 사라졌다. 란펑의 실종은 큰 얘깃거리가 못 됐다. 며칠 수군거리다 금세 수그러들었다.

란펑은 시안(西安)의 팔로군 연락 사무소를 찾아갔다. 사무소 책임자 저우언라이를 대신해 부인 덩잉차오(鄧穎超)가 란펑을 심사했다. 10여 년 후, 국가원수와 총리 부인으로 등장할 여인들의 첫 대면은 싱거웠다. 란펑은 "칭다오대학 도서관 직원 시절, 황징의 소개로 입당했다"며 자신의 사진첩을 공손히 건넸다. 덩잉차오는 저우언라이와 함께 상하이의 지하공작을 지휘한 적이 있었다. 란펑 따위는 안중에도 없었다. 긴 말을 나누지 않았다. 사진첩과 란펑의 얼굴을 번갈아 보며 "배우였군"이라고 한마디 하고는 바쁘다며 자리를 떴다.

란펑은 초조했다. 팔로군 연락 사무소를 뻔질나게 드나들었다. 전 중공 총서기 친방셴(秦邦憲)의 심사를 통과하기까지 오랜 시간이 걸렸다. 친방셴은 란펑의 첫 번째 남편(실제로는 두 번째) 황징과 가까운 사이였다.

심사를 마친 란펑이 옌안에 도착할 무렵 왕잉은 홍콩, 베트남, 싱가포르, 말레이시아를 오가며 화교들에게 의연금을 모금했다. 여자라면 물불을 가리지 않는 진산과 결별하고, 명문장가 셰허경(謝和庚)과 정식으로 결혼식도 올렸다.

저우언라이는 왕잉의 활동을 높이 평가했다. "국제사회에 중공의 대일 항전을 선전하라"며 미국행을 권했다. 미국에 안착한 왕잉은 펄 벅의 도움을 받았다. 예일대학을 마치고 던컨 무용학원에서

백악관 공연을 마친 왕잉(오른쪽)과 엘리너 루스벨트.

자태를 뽐냈다. 루스벨트 대통령과 그의 부인 엘리너는 왕잉의 노래를 좋아했다. 백악관에 삼부요인들을 모아놓고 왕잉의 강연과 노래를 청할 정도였다.

옌안 생활을 시작한 란핑은 항일군정대학에 입학했다. 지난날은 생각하기도 싫었다. 이름부터 장칭으로 바꿨지만 뜻대로 되지 않았다. 혁명성지건 뭐건, 옌안도 사람 사는 곳이었다. 전 남편 황징과 잘 안다며 반가워하는 주책바가지가 한둘이 아니었다. 천보다가 특히 심했다.

소나무를 오르는 다람쥐처럼 패기 넘치는 여인

1989년 9월 20일, 한때 중국의 4인자였던 천보다가 세상을 떠났다. 사망 일주일 전, 옌안 시절을 회상하며 장칭과의 첫 만남을 회상했다.

"하루는 늦은 저녁을 먹고 산책을 나갔다. 개울가 다리 앞에 다다랐을 무렵, 두 여인이 걸어오는 모습이 눈에 들어왔다. 워낙 폭이 좁은 다리였다. 올 때까지 기다렸다 건너는 것 외에는 별 도리가 없었다. 한 명은 모스크바 시절부터 알고 지내는 사이였다. 나와 악수를 나눈 후 장칭 동지라며 함께 오던 여인을 소개했다. 상하이의 대스타 란핑이라는 설명까지 곁들였다."

천보다는 장칭의 첫 번째 남편 황징과 막역했다. 장칭의 두 손을 잡고 황징의 근황까지 장황히 설명했다.

"황징은 정말 좋은 친구다. 베이핑(北平, 현재의 베이징)에서 함께 일했다. 옌안에 오기 전 시안에서 헤어졌다."

천보다는 두 사람의 이혼 사실을 몰랐다. 장칭의 안색이 변하는 걸 눈치채지 못했다.

1938년 3월, 캐나다 의사 노먼 베쑨(Henry Norman Bethune)이 중국혁명을 지원하기 위해 옌안을 찾았다. 체류하는 2개월 동안 항일군정대학에 깊은 감명을 받았다. 본국에 장문을 송고했다. "세계에서 가장 독특한 대학"이라며 한 여학생에 대한 찬사를 잊지 않았다.

"여학생 중에 상하이의 저명한 배우 출신이 한 명 있다. 몇 개월 전만 해도 이 학생은 사치와 향락의 늪에 빠져 있던, 뭇 남성들의 애완물이었다. 지금은 묽은 좁쌀죽과 호박으로 끼니를 때운다. 여덟 명의 여학생들과 함께 동굴 속에 기거하며 흙바닥에서 단꿈을 꾼다. 립스틱도 없고, 분(粉)도 없고, 향수도 없다. 일반 학생과 다를 게 하나도 없다. 매월 지급되는 1원으로 비누와 치약을 사는 게 고작이지만 소나무를 오르는 다람쥐처럼 활발하고 패기가 넘친다."

노먼 베쑨은 이 여학생이 마오쩌둥의 부인이 되리라곤 상상도 못 했다. 이듬해 세상을 떠나는 바람에 중국 역사상 가장 파괴적인 여인이 되는 것도 보지 못했다.

마오쩌둥이 장칭과 결혼한 것을 '잘못된 선택, 실패한 선택'이라고 단정한 역사서가 많다. 문혁 시절 장칭과 4인방의 죄상을 강조하고 권위를 자랑하는 연구물일수록 정도가 심하다. 역사적 관점에서라면 어쩔 수 없지만, 시간이 갈수록 발전하거나 변하는 것이 남녀관계다.

마오 "나를 막을 순 없다" … 당원 반대 뚫고 장칭과 혼례

1930년대 말, 마오쩌둥은 말로만 듣던 장칭을 옌안에서 처음 만났다. 당시 마오는 중국의 혁명세력을 대표했다. 장칭은 화려한 상하이를 뒤로하고 제 발로 옌안까지 온, 누가 뭐래도 가장 진보적인 연예인이었다. 마오는 장칭의 이런 점을 좋아했다. 연애에 빠지기까지 오랜 시간이 걸리지 않았다. 훗날, 장칭은 마오쩌둥과의 인연을 비서에게 말한 적이 있다.

"주석은 예술을 통해 나를 알게 됐다. 항일군정대학 시절 밤마다 연극무대에 섰다. 사람들은 공연을 관람한 주석이 내게 호감을 느낀 줄 알지만 사실은 그렇지 않다. 내가 옌안에 오기 전부터 주석은 나를 알고 있었다."

마오쩌둥이 장칭과 결혼을 결심하자 옌안이 술렁거렸다. 원로 당원들 간에도 "과거가 너무 복잡하다. 당의 영수와 결합하기엔 부적합하다"는 의견이 지배적이었다. 군 지휘관들도 불만을 숨기지 않았다. 팔로군 총정치부 조직부 부부장 후야오방(胡耀邦)이 중앙 조직부장 천원을 찾아와 군의 동향을 보고할 정도였다. 천원은 상하이의 지하당에 지시했다.

"장칭은 숱한 염문을 뿌리고 다닌 구 사회의 연예인이다. 과거를 샅샅이 조사해 보고해라."

북방국에 극성맞은 간부가 한 사람 있었다. 신문과 잡지에 실린 장칭에 관한 기사들을 깡그리 모아 옌안의 '마르크스-레닌 학원'으로 발송했다. 학원 간부들은 연명으로 마오에게 편지를 보냈다. 마오와 이혼하고 소련에 체류 중인 허쯔전(賀子珍)까지 거론하며 반대를 분명히 했다.

"무슨 이유가 있는지는 몰라도 현재 거론되는 여인과의 결혼은 절대 안 된다. 당과 주석에게 미칠 영향이 너무 크다. 우리는 주석과 허쯔전의 이혼은 반대하지 않았다. 당원 동지 중에도 훌륭한 신붓감이 많다. 풍류 여인은 절대 안 된다."

전 총서기 장원톈(張聞天)은 모두의 의견을 취합했다. 서신을 통해 마오쩌둥에게 호소했다.

"남녀관계는 극히 사적인 문제다. 누구의 간섭도 받을 필요가 없다. 혁명동지 허쯔전과의 이혼도 마찬가지다. 아무도 의견을 표명하지 않았다. 현재 우리의 심정을 이해해주기 바란다. 현명하게 결정하기를 갈망한다."

그 누구도 마오쩌둥의 결심을 꺾지 못했다. 마오는 장원톈의 편지를 갈기갈기 찢어버렸다.

"나를 막을 사람은 아무도 없다. 당장 결혼식을 올리겠다."

징강산 소비에트 시절의 마오쩌둥(오른쪽)과 허쯔전.

이튿날 장칭과 마오의 단출한 결혼식이 열렸다. 식탁 두 개에 사탕과 돼지고기 차려놓고 친구 몇 사람만 초대했다. 꼴 보기 싫다며 장원톈은 부르지도 않았다. 천보다도 참석하지 못했다. 마오쩌둥의 초청을 받았지만, 장칭에게 쫓겨났다. 좋아하는 돼지고기 한 점도 못 얻어먹고 되돌아갔다.

"수상한 당원을 색출하라"

1937년 여름, 중일전쟁이 발발했다. 일본군은 물길을 따라 이동했다. 바다와 강에 인접한 도시와 마을이 전화에 휩싸였다. 전쟁을 위해 국·공 양당이 손을 잡자 온 중국이 들썩거렸다. 지식청년들은 전시 수도 충칭과 홍색 근거지 옌안, 두 곳 중 어디를 택할지 고민했다. 꿈 많은 젊은 지식인들은 무리를 지어 옌안으로 향했다.

10년간 내전을 치르며 손실이 컸던 중공은 숨통이 트였다. 농민들로 구성된 당의 역량을 키우기 위해 제 발로 찾아온 지식청년들을 환대했다. 후속 조치도 게을리하지 않았다. 중앙당교와 항일군정대학 외에, 예술가와 연예인 배출을 목적으로 루쉰예술학원(魯迅藝術學院)을 설립했다. 극단도 만들었다.

중공은 소련공산당을 모델로 삼다 보니 정치공작과 정보공작을 중요시했다. 창당 초기부터 소련에 당원들을 파견해 특수 공작원을 양성했다. 1937년 11월, 소련에 있던 캉성이 옌안으로 돌아왔다. 중국 고전에 정통한 마오쩌둥은 정보와 공작의 중요성을 누구보다 잘 알았다. 30년대 초반, 저우언라이와 함께 상하이에서 '중공 중앙특과'를 이끌며 수많은 암살 사건을 지휘했던 캉성에게 중국 현실에 맞는 정보기관을 조직하라고 지시했다.

"적대세력 공작원 진압과 옌안에 잠복한 국민당 첩자를 색출해라. 공산당원 중에도 반대파가 많다. 사상이 수상한 당원도 한둘이 아니다. 오랜 시간을 두고 관찰해라."

캉성은 '중보위'(중공 중앙보위위원회)라는 비밀조직을 만들었다. 보안이 철저하고 진압 방법도 무시무시했다. 마오에게 "소련에서 배운 것에 그치지 않고 새로운 기법을 발명했다"는 칭찬을 받았다.

캉성의 중보위는 옌안에 유입된 지식청년들을 방심하지 않았다. 엄격한 심사를 실시했다. 공산당원이건 아니건 예외가 없었다. 가족들의 성향과 개인 경력, 주변 인물 등을 샅샅이 뒤졌다. 심문도 처형도 극비리에 해치웠다.

중보위는 약점 잡힌 사람들을 포섭해 각 조직에 심었다. 이들을 강원(綱員)이라고 불렀다. 캉성은 마오쩌둥의 눈에 든 장칭을 루쉰예술학원에 강원으로 파견했다. 이유가 분명했다.

"상하이 시절 추문이 그치지 않았다. 과거와 단절을 갈망하는 것이 장점이다. 연예인들은 무대와 현실을 구분할 줄 모른다. 무슨 생각을 하는지 알 수가 없다. 장칭은 이들과 접촉이 수월하다."

장칭은 루쉰예술학원 학생들과 직원들의 일상생활과 언행을 감시했다. 매주 한 번씩 보고서를 작성했다. 강원 생활은 5개월에 그쳤지만 얻는 게 많았다. 당 고위층과 접촉하기가 수월하다 보니 마오쩌둥과 만날 기회가 많았다. 마오는 장칭에게 집착했다. 장칭이 사인을 요구하면 "나는 네 사인을 받고 싶다"며 가벼운 한숨을 내

옌안 시절, 캉성(오른쪽)은 장칭의 든든한 후원자였다.
문혁 시절 장칭 편을 들었지만 사망 직전엔
장칭을 제거해야 한다는 유언을 남겼다.
왼쪽은 4인방의 일원인 국무원부총리 장춘차오.
1969년 가을, 인민대회당.

쉴 정도였다.

첩보원 경력 장칭, 정보 틀어쥔 뒤 반대파 숙청

캉성을 제외한 중보위의 상급자들은 눈치가 없었다. 툭하면 실적이 신통치 않다며 장칭에게 면박을 줬다. 상하이 시절, 함께 연극에 출연했던 쑨웨이스(孫維世)는 더 가관이었다. 혁명 열사의 딸이며 저우언라이의 양녀인 쑨웨이스는 가는 곳마다 공주 대접을 받았다. 대놓고 장칭을 무시하며 아래로 봤다.

1938년 8월, 중앙군사위원회는 장칭을 판공실 비서에 임명했다. 장칭은 루쉰예술학원을 떠났다. 펑황산(鳳凰山) 기슭의 중앙군사위원회로 거처를 옮겼다. 마오의 정보비서였던 예쯔룽(葉子龍)의 회고를 소개한다.

"당시 중앙군사위원회 주석은 마오쩌둥이었다. 장칭은 마오의 비서나 마찬가지였다. 장칭은 중앙군사위원회에 온 날부터 주석과 한방에서 생활했다. 더 이상 무대에는 오르지 않았지만, 연출은 계속했다."

한때 장칭을 부하로 거느리던 중보위 출신도 회고를 남겼다.

"짧은 기간이었지만, 강원 생활은 장칭의 사상과 행동에 많은 영향을 미쳤다. 장칭은 감시와 조사에 능숙했다. 문화계와 학계의 동향을 꿰뚫고 있었다. 공산당과 사회 각계 인사들의 일거수

일투족도 장칭의 눈을 벗어나지 못했다. 지난날의 남성편력을 들춰내며 마오와의 결혼에 반대한 사람과 뒤에서 도와준 사람이 누구인지도 정확히 알고 있었다."

1949년 10월, 마오쩌둥이 신중국을 선포했다. 문화부의 한직(閑職)을 차지한 장칭은 말로만 퍼스트레이디였다. 전면에 나설 기회가 거의 없었다.

문혁을 계기로 장칭은 다시 무대 전면에 나섰다. 이번에는 연극무대가 아닌 역사의 무대였다. 마오의 후광으로 하루아침에 '당과 국가의 중요한 영도자'로 등장하자 자신의 빛나는 역사를 만들려고 골몰했다. 거대한 권력을 이용해 과거를 아는 당 간부와 문화인, 왕년의 정보공작 책임자들에게 철퇴를 가했다. 도망간 사람은 끝까지 추적해 감옥으로 보냈다. 환락을 함께했던 남자들도 성치 못했다. 동성들에게 가한 보복은 더 가혹했다. 한때 경쟁상대였던 왕잉은 죽는 날까지 감옥 문을 나서지 못했다. 시신도 사망과 동시에 소각해버렸다.

쑨웨이스의 운명은 더 비참했다. 저우언라이의 수양딸이건 말건, 발가벗겨 놓고 죽을 때까지 두들겨 팼다. 그럴 만한 이유가 있었다.

쑨웨이스의 마지막은 처참했다

무슨 일이건 '이유'가 있기 마련이다. 없어도 그만이다. 인간은 이유를 만들 줄 아는 동물이다. 문혁 시절 나도는 소문이 있었다.

"장칭과 예췬이 한통속이 돼 저우언라이의 수양딸을 죽음으로

19세 무렵의 쑨웨이스(가운데). 왼쪽은 모친 런루이(任銳).
오른쪽은 경극 배우로 이름을 날린 동갑내기 이모 런쥔(任均).
1938년, 옌안.

몰았다."

이 소문은 특징이 있었다. 누가 죽었는지, 이유가 뭔지, 그럴듯하게 대는 사람이 없었다. 총리의 수양딸이 많은 탓도 있었지만, 워낙 구름 위에서 벌어진 일이다 보니 서민들의 상상력은 한계가 있었다.

40년 후, '린뱌오·장칭 반혁명 사건' 재판의 전 과정을 지켜본 전 전인대 상무위원 한 사람이 입을 열었다. 워낙 고령이다 보니 두서가 없었지만 내용은 정확했다. 온갖 자료와 판결문을 내보이며 흥분했다.

"억울한 사람이 속출한 시대였다. 저명 작가나 예술가도 난세를 피할 방법이 없었다. 영문도 모른 채 끌려가 온갖 수모를 당하다 귀신도 모르게 맞아죽었다. 쑨웨이스는 박해받다 죽은 예술가 중 나이가 제일 어렸다. 마지막도 가장 처참했다. 저우언라이의 수양딸인 쑨웨이스는 재기 넘치는 극작가였다. 옌안 제일의 미녀이기도 했지만, 국민당에게 살해당한 중공 원로의 딸이다 보니 마오쩌둥과 주더, 저우언라이 등 1세대 혁명가들의 품 안에서 성장하다시피 했다. 신중국 성립 초기, 중난하이도 자유롭게 출입했다. 고위층의 관심과 신임이 대단했다. 마오쩌둥도 쑨웨이스의 부탁이라면 뭐든지 다 들어줬다. 하늘과 통하는 통천인물(通天人物)에게 감히 독수를 뻗칠 사람이 누가 있을지 생각해봐라. 린뱌오와 장칭 외에는 없다. 구체적으로 말하면 장칭과 예친이다. 린뱌오는 쑨웨이스의 죽음과 상관이 없다."

쑨웨이스(오른쪽)는 저우언라이 부부의
공인된 수양딸이었다.
연도 미상.

여자들에게 중요한 일을 맡기는 건 신중해야 한다는 말도 잊지 않았다.

"다 그런 건 아니지만, 멀쩡하다가도 결정적인 순간에 판단을 그르치는 경우가 많다. 별것도 아닌 일로 이를 갈고, 보복은 남자들보다 더 잔인하다. 파고들어가 보면 원인 제공자가 남자놈들이다 보니 할 말도 없다. 쑨웨이스의 죽음도 근본 원인은 마오쩌둥과 린뱌오가 싱거운 짓을 했기 때문이다."

쑨웨이스, 앞일 모른 채 장칭에게 돌직구

1927년 4월, 장제스의 공산당 숙청이 시작됐다. 저우언라이가 이끄는 상하이의 중공 지하당은 희생된 당 고위층의 어린 딸들을 보호하기 위해 고심했다. 가명으로 문화단체에 입단시키는 것이 안전하다는 결론을 내렸다. 당시 상하이에는 진보를 표방하는 예술단체가 많았다. 중공이 침투하기에는 적격이었다. 지하당은 쑨웨이스를 리린(李琳)이라는 가명으로 동방화극사(東方話劇社)에 입단시켰다. 리린은 함께 들어온 열네 명 중 용모가 뛰어나고 연기에도 소질이 있었다. 어린 나이에 연출에도 관심이 많았다. 러시아 문호 고골(Nikolai Gogol)의 작품을 줄줄 외다시피 해 어른들을 놀라게 했다.

동방화극사는 자타가 공인하는 아동 연극단체였다. 수시로 유명학자와 연기자, 연출가들을 초청해 어린 연기자, 예동(藝童)들을 교육시켰다. 하루는 젊은 여자 연기자가 강단에 섰다. 예동들은 깜짝 놀랐다. 며칠 전 단체로 관람한 고골의 작품에 목수의 부인으로 등장했던 바로 그 배우였다. 강의를 마친 여배우는 자신의 서명이 담긴 사진을 예동들에게 나눠줬다. '란핑'(藍苹) 두 자가 선명했다. 사과(苹果)를 좋아하는 장칭이 '란핑'(藍蘋) 이전에 사용한 예명이었다. 강의실을 나가던 란핑은 앳된 여자애 질문에 걸음을 멈췄다.

"빨간 사과와 파란 사과 외에는 본 적이 없습니다. 남색 사과는 말도 안 됩니다."

란핑은 웃었다.

"그저 예명일 뿐이다. 아무 의미가 없다. 듣기만 좋으면 된다."

리린도 지지 않았다.

"듣기만 좋으면 된다니. 반역을 꿈꾸는 사람은 듣기 좋은 소리만 한다던데, 선생님도 그런가요?"

1950년대 말, 쑨웨이스는 흐루쇼프(Nikita Khrushchyov)의 부인에게 어린 시절 느꼈던 장칭의 첫인상을 말한 적이 있다.

"머리가 단정하고 눈빛이 영롱했다. 코끝에서 입술까지의 곡선은 예쁘다 못해 신기가 감돌았다. 웃을 때는 청춘의 활력이 넘쳤다."

여자가 여자를 평하다 보니 트집도 빠지지 않았다.

"자세히 보니 이빨 하나가 누런색이라 이상했다. 나머지가 백설 같다 보니 더 두드러지고 보기에 흉했다. 조화가 중요하다는 것을 그때 처음 알았다."

1937년 봄, 소녀티를 벗기 시작한 리린은 란핑과 같은 영화사에서 일했다. 란핑은 리린을 피했다. 그해 겨울, 리린은 동생과 함께 아버지 친구들이 즐비한 옌안으로 갔다. 본명도 되찾았다. 옌안의 중공 지도자들은 활달한 쑨웨이스를 좋아했다. 가는 곳마다 웃음을 몰고 다녔다. 쑨웨이스는 마오쩌둥의 숙소에도 자주 갔다. 문이 열려 있어도 그냥 들어가지는 않았다. 경호원과 얘기를 나누면 안에 있던 마오가 밖에 대고 소리쳤다.

"이거 웨이스 목소리 아니냐? 들어오지 않고 뭐하냐."

"일에 방해가 될까봐 그럽니다."

"내가 너를 방해할 테니 염려 마라."

이듬해 8월, 란핑이 옌안에 오자 상황이 급변했다.

"어린 게 당돌하고 못돼 먹었다"

장칭과 쑨웨이스의 악연은 무대에서 시작되었다. 1932년 1월 20일, 일본 해군 육전대(해병대)가 상하이에 상륙했다. 8일 후 중국군과 충돌했다. 승리는 일본군의 몫이었다. 중국군과 거류민의 저항도 만만치 않았다. 후손들에게 자랑하고도 남을 얘깃거리들을 양산했다.

1937년 겨울, 옌안의 각급 기관들은 상하이 항전(抗戰) 6주년을 앞두고 분주했다. 문화예술계도 무대극「혈제상해」(血祭上海)를 준비했다. 남자 연기자는 널려 있었지만 여자 연기자는 구하기가 힘들었다. 주인공이나 다름없는 자본가의 둘째 부인과 큰딸 역이 문제였다. 잡지사에 근무한 적이 있는 청년이 장칭과 쑨웨이스를 추천하기 전까지는 방법이 없었다.

1938년 1월 28일부터 20일간 계속된「혈제상해」는 인산인해를 이뤘다. 다시 무대에 오른 장칭은 둘째 부인 역을 멋들어지게 소화

옌안의 장칭과 마오쩌둥.
1942년 무렵으로 추정.

했다. 큰딸 역을 맡은 쑨웨이스의 연기도 손색이 없었다. 장칭과 함께 옌안의 화젯거리가 되기에 충분했다. 쑨웨이스는 마오쩌둥에게 관람을 청했다. 공연장에 마오가 나타나자 중공선전부는 경악했다. 공연 마지막 날 출연자들을 위해 조촐한 연회를 준비했다. 연회에 마오가 참석할 줄은 상상도 못 했다. 마오쩌둥은 연기자들에게 직접 술을 따라줬다. 예술학원 설립도 제의했다. 함께 온 장원톈이 마오에게 예술학원 원장직을 제의하자 장칭이 벌떡 일어났다.

"나도 주석의 원장직 겸직에 동의한다."

누군가 "이타이타이(姨太太, 둘째 부인)의 제안은 우리 모두의 소원"이라고 하자 환호와 웃음이 뒤범벅됐다.

딸은 어머니의 장점과 아버지의 단점을 닮는 경우가 많다. 쑨웨이스는 대혁명가 쑨빙원(孫炳文)의 딸이었다. 별것도 아닌 것들이 나대는 꼴을 못 보는 성격이었다. 옆에 앉은 사람에게 "상하이에서 온갖 잡스러운 짓은 다 하고 다닌 주제에 말 같지 않은 소리를 해댄다"며 장칭을 노려봤다. 쑨웨이스의 말은 틀리지 않았다. 하늘이 두 쪽 나는 일이 있어도 마오가 예술학원 원장을 맡을 일은 없었다.

장칭과 마오쩌둥의 결혼소식을 들은 쑨웨이스는 제 귀를 의심했다. 「혈제상해」 공연 후 두 사람 사이에 무슨 일이 있었는지 상상이 안 갔다. 모스크바에 유학 중이라고 알고 있던 허쯔전이 마오와 이혼했다는 소식을 듣고 한동안 공황 상태에 빠졌다. 온종일 넋 나간 사람처럼 한자리에 앉아 있기 일쑤였다. 눈치를 챈 큰 이모가 "남녀 사이는 몇십 분 차이로 지옥과 천당을 오갈 수 있다"며 달래도 믿으려 하지 않다. 제정신으로 돌아오기까지 오랜 시간이 걸렸

중국 홍군의 창설자 주더(왼쪽)와
쑨웨이스의 부친 쑨빙원.
1918년 봄으로 추정.

다. 쑨웨이스는 마오쩌둥의 숙소 근처에도 가지 않았다. 장칭은 몇 개월 전의 장칭이 아니었다. 한 번은 길에서 우연히 마주친 적이 있었다. 장칭이 먼저 말을 걸었다.

"주석이 웨이스 보기가 힘들다며 네 말을 자주 한다."

쑨웨이스는 팩했다.

"요즘 너무 바빠요. 거기 갈 시간 없어요."

아무 때나 상관없다며 시간 내서 한번 들르라고 하자 말이 끝나기도 전에 휙 돌아서 가버렸다. 볼 때마다 비슷한 일이 반복되자 장칭도 화를 냈다.

"어린 게 당돌하고 못돼 먹었다."

장칭도 처음에는 나쁜 사람이 아니었다

말에서 추락한 저우언라이가 부상을 입었다. 상태가 심각했다. 완치를 위해 모스크바행을 결정했다. 환송 나온 쑨웨이스는 비행기 출발 직전 저우에게 졸랐다.

"나도 따라가겠다."

주석의 허가가 있어야 한다는 말을 듣자 말을 타고 마오의 숙소로 치달았다. 쑨웨이스는 옆에 있는 장칭은 본체만체하며 마오에게 매달렸다. 마오는 즉석에서 허락했다. 모스크바에 도착한 쑨웨이스는 총상을 치료하러 와 있던 청년장군 린뱌오의 눈에 들었다.

장칭은 속이 시원했다. 옌안 시절 마오쩌둥의 경호원들에게 거의 비슷한 인상을 남겼다.

"장칭은 옌안에 머무르는 10년간 남들에게 손가락질당할 말이나 행동을 하지 않았다. 누구에게나 겸손하고 소박하다는 소리를 들었다. 주석의 생활을 돌보는 것 외에는 관심이 없었다. 먹고 마시는 것과 편안한 잠자리를 위해 전력을 다했다. 비록 생활비서였지만, 그 어느 누구도 마오쩌둥의 부인임을 부정하지 않았다. 표현력도 뛰어났다."

신중국 성립 후 문혁이 발발하기 전까지만 해도 장칭의 생활은 모범적이었다. 문혁이 시작되자 딴사람으로 변했다. 마오와 허쯔전 사이에서 태어난 리민(李敏)의 회상을 소개한다.

"세상 사람이 다 그런 것처럼, 장칭도 처음에는 나쁜 사람이 아니었다. 사람은 변하게 마련이다. 나빴다가 좋아지는 사람이 있는가 하면, 괜찮다는 소리를 듣다가 형편없이 변하는 사람도 있다. 장칭은 후자에 속한다. 모스크바에서 돌아온 오빠의 빨랫거리도 직접 챙겼다고 들었다. 변한 다음부터 가족들에게는 관심이 없었다. 아버지에 대한 존경심만은 평생 변하지 않았다. 항상 주석이라고 불렀을 뿐, 이름을 입에 올린 적이 한 번도 없었다. 나는 주석의 학생이며 불침번이라는 말을 자주 했다. 문혁 시절에도 12월 26일, 아버지의 생일만 되면 주변 사람들에게 직접 만든 국수를 대접했다. 감옥에 갇혔을 때도 아버지를 원망하지 않았다. 아버지 생일날 기념관에 화환을 보내는 것이 소원이었지만 뜻을 이루지 못했다."

쑨웨이스에 빠진 린뱌오 "이혼하고 기다리마" 고백

쑨웨이스에게 허쯔전은 친언니 이상이었다. 쑨웨이스가 동생 신스(新世)와 함께 옌안에 왔을 때 마오쩌둥의 부인은 허쯔전이었다. 허쯔전은 어린 쑨웨이스와 신스를 가족처럼 대했다. 장칭은 허쯔전이 모스크바로 떠난 직후 옌안에 발을 디뎠다. 유학 중이던 허쯔전이 마오에게 버림받자 쑨웨이스는 장칭을 증오했다. 이 사람 저 사람 붙잡고 험담을 늘어놨다.

"장칭인지 뭔지가 온갖 요물 짓하며 주석을 홀렸다."

양아버지 저우언라이를 따라 모스크바에 도착한 후 제일 먼저 찾아간 사람도 허쯔전이었다.

쑨웨이스는 남편 린뱌오와 함께 소련에 와 있던 장메이(張梅)와도 친자매처럼 지냈다. 장메이와 쑨웨이스는 성격이 비슷했다. 활달하고 사람 모이는 곳을 좋아했다. 영화관이나 댄스홀 등 어디를 가건 붙어 다녔다. 내성적인 린뱌오가 자신을 좋아하리라곤 상상도 못 했다. 귀국을 앞둔 린뱌오가 쑨웨이스를 찾아왔다.

"중국에 돌아가면 장메이와 이혼하겠다. 네가 올 때까지 기다리겠다."

쑨웨이스는 가타부타 말을 하지 않았다. 대신 고개만 끄덕였다. 대담한 쑨웨이스는 장메이를 불러내 귀국을 만류했다.

"네 남편은 딴생각을 하고 있다. 허쯔전처럼 되지 않으려면 돌아가지 마라."

장메이는 무슨 말인지 금방 알아들었다.

혼자 귀국한 린뱌오는 옌안에 젊은 여자들이 많이 와 있는 것을

딸 리나(李納)와 단란한 시간을 보내는
마오쩌둥(오른쪽)과 장칭(가운데).
1944년 봄, 옌안.

보고 깜짝 놀랐다. 2년 후, 아나운서 출신 예쵠과 결혼에 성공했다.
신혼 시절, 린뱌오는 예쵠을 약 올리기 위해 툭하면 쑨웨이스를 거
론하며 재미있어 했다.

"모스크바에 있는 동안 어찌나 따라다니는지 곤혹스러웠다."

예쵠이 "맹랑한 애"라며 안색이 변하면 손으로 입을 막고 키득
거렸다.

"잘 처리했으니 걱정할 것 없다."

예쵠은 쑨웨이스의 이름만 나와도 낯을 찌푸렸다.

장칭과 쑨웨이스

"인생은 체험이다. 사방이 눈과 얼음이다."

돌아온 쑨웨이스

쑨웨이스는 태평양전쟁이 끝날 때까지 6년간 소련에 머무르며 연극에 매진했다. 일본이 패망하자 소련공산당 대외연락부에 귀국 신청서를 보냈다. 거절당할 이유가 없었다. 저우언라이는 리리싼(李立三)의 소련 부인 리샤(李莎)와 함께 동북으로 귀국하라는 전문을 보냈다. 하얼빈에 도착한 쑨웨이스는 중공 동북국(東北局)의 환대를 받았다. 당시 동북국의 최고 책임자는 린뱌오였다. 쑨웨이스는 일행 세 명과 함께 린뱌오의 숙소를 찾아갔다. 한 사람이 구술을 남겼다.

"군복 입은 젊은 여자가 문을 빼꼼히 열고 누구냐고 물었다. 린뱌오를 만나러 왔다고 하자 의아한 표정을 지었다. 동북에서 감히 린뱌오 이름을 직접 거론하는 사람이 없을 때였다. 쑨웨이스가 '린뱌오와 잘 아는 사이다, 방금 소련에서 돌아왔다'고 하자 들어오라고 청했다. 옆방에 가서 어딘가 전화를 하더니 차를 들고 나왔다."

1949년 겨울, 양아버지 저우언라이와 함께
모스크바 거리를 산책하는 쑨웨이스.

젊은 여인은 직접 자신을 소개했다.

"나는 린뱌오의 부인이다. 예췬이라고 한다."

군복을 입고 나타난 린뱌오는 중공 최강의 야전군을 지휘하는 사람답지 않았다. 쑨웨이스를 보자 안절부절못하며 당황했다. 예췬은 총명한 여자였다. 뭔가 이상하다는 낌새를 채자 슬그머니 자리를 떴다. 끝내 모습을 나타내지 않았다.

옌안으로 돌아온 쑨웨이스는 마오쩌둥의 거처로 직행했다. 경호원들이 제지하자 실랑이가 붙었다. 귀에 익은 목소리를 들은 장칭이 밖으로 나왔다. 경호원들에게 단단히 일렀다.

"저우언라이 부주석의 딸이다. 앞으로 제지하지 마라."

마오쩌둥은 쑨웨이스를 보자 함박웃음을 지었다.

"그간 키가 컸구나. 실력도 키만큼이나 향상됐겠구나. 황토먼지가 그리워서 왔느냐? 아니면 내가 그리워서 왔느냐?"

두 여인은 작은 의자를 들고 밖으로 나왔다.

"같이 햇볕이나 즐기자."

훗날 쑨웨이스의 남편은 직접 들은 얘기라며 두 사람의 대화를 회고록에 남겼다.

"장칭이 먼저 물었다. 네 눈에 내가 어때 보이냐? 웨이스는 인사치레로 좋아 보인다며 웃었다. 장칭은 음험한 표정을 지었다. 좋은 게 눈곱만큼도 없다. 언젠가는 저것들을 쓸어버리고야 말겠다."

헤어질 무렵, 장칭이 쑨웨이스의 손을 잡았다. 잠시 뭔가 생각하는 듯하더니 입을 열었다.

"너는 갓 돌아왔기 때문에 이곳 사정을 잘 모른다. 차차 알겠지만 나쁜 사람들이 많다. 나와 우리 엄마를 형편없는 사람 취급한다. 우리 모녀를 내쫓으려는 사람도 있다. 너는 저우언라이 부주석과 덩잉차오의 딸이다. 나는 주석의 부인이다. 우리가 힘을 합해 저들에게 맞서자."

쑨웨이스는 장칭의 손을 뿌리쳤다.

평범한 영웅들을 노래한 쑨웨이스

국·공내전이 발발하자 쑨웨이스는 전쟁터를 누볐다. 선무공작을 펼치며 직접 전투에도 참가했다. 어딜 가나 창작 소재가 넘쳤다.

1949년 봄, 베이핑이 붉은 깃발로 뒤덮였다. 쑨웨이스도 문예공작자들과 함께 베이핑에 입성했다. 한동안 베이징 반점(北京飯店)에 머물렀다. 하루는 볼일 보고 돌아오다 1층 로비에서 예췬과 우연히 만났다. 예췬도 같은 곳에 묵고 있었다.

쑨웨이스와 마주한 예췬은 얼굴을 찡그렸다. 독한 말을 내뱉었다.

"넓디넓은 하늘 아래, 하필이면 너와 한곳에 묵다니."

쑨웨이스는 대꾸도 하지 않았다.

문혁 시절 내내 요상한 소문이 나돌았다.

"저우언라이의 수양딸이 장칭과 예췬에 의해 무참히 살해당했다."

마오쩌둥과 린뱌오의 부인이 총리의 딸을 죽였다니, 소문치고는 고약했다. "총리는 친자식이 없다. 수양아들과 수양딸이 한둘이 아

국·공내전 시절 마오쩌둥과 함께
농촌을 전전하던 장칭(왼쪽).

장칭(오른쪽 셋째)을 데리고
섬북(陝北) 일대를 전전하며
국민당과의 전쟁을 지휘하던 시절의 마오쩌둥.
1947년 5월 말.

니다. 일찍 부모 잃은 혁명열사의 자녀들이다. 그럴 리가 없다"는 사람도 많았다.

1980년 1월, '린뱌오·장칭 반혁명집단' 주범 열 명에 대한 재판이 열렸다. 판결문이 공개되자 떠돌던 소문이 사실로 드러났다.

"린뱌오와 장칭을 필두로 한 반혁명집단은 억울한 사건들을 지휘하고 선동했다. 당·정·군은 물론이고, 민주인사와 사회 각계의 간부들이 모함과 박해를 받았다. 죽음에 이른 사람도 한둘이 아니다. 작가 라오서(老舍)와 쑨웨이스 같은 예술가들이 억울하게 세상을 떠났다."

2009년 가을, 재판의 전 과정을 지켜본 재판장이 입을 열었다.

"저우언라이의 수양딸인 쑨웨이스는 재기 넘치는 중국 최고의 극작가였다. 마오쩌둥과 주더, 저우언라이 등 중공 최고지도자들의 총애를 받은 게 죄였다. 박해받다 죽은 사람 중 나이가 제일 어렸고, 마지막도 가장 참혹했다. 주더나 저우언라이도 손쓸 방법이 없었다. 발단은 연극이었다."

1964년 초, 마오쩌둥이 연극인들에게 불평을 늘어놨다.

"중국의 무대를 양코배기들이 장악해버렸다. 우리의 노동자와 농민, 군인들은 밥 먹고 방귀만 뀌는 줄 알겠다. 이들에게서 얘깃거리를 찾아라."

양부모인 저우언라이, 덩잉차오와
함께한 쑨웨이스(왼쪽 첫째). 오른쪽은 동생 신스.
1950년대 중엽, 베이징.

러시아 희곡이 유행할 때였다. 중국희극원 원장 쑨웨이스는 석유와 씨름하는 다칭(大慶) 유전(油田)의 노동자들에게 흥미를 느꼈다. 저우언라이도 동감했다.

"인생은 체험이다. 다칭은 사방이 눈과 얼음이다. 진정한 예술가가 되려면 그곳에 가서 노동자들과 함께 생활해라."

쑨웨이스는 남편 진산과 함께 다칭으로 이사했다. 다칭에 도착한 쑨웨이스는 현장으로 달려갔다. 하루 일과가 끝나면 온몸이 진흙투성이였다. 환경은 열악했다. "따뜻한 밥과 야채 한 접시가 그립다"고 일기에 적었다. 훗날 식당 아줌마가 구술을 남겼다.

"계란처럼 예쁜 얼굴이 겨울의 한풍(寒風)과 여름의 태양을 거치며 검게 변해갔다. 누구 집 딸이냐고 물었더니 다칭 노동자의 딸이라며 웃었다. 힘든 일을 할 수 있느냐고 물을 때마다 남들이 하면 나도 할 수 있다고 했다. 대변 치우는 일도 도맡아 했다. 이곳은 평범한 영웅들이 있는 곳이다. 언제고 이들을 노래하겠다고 했을 때 무슨 말인지 잘 몰랐다. 한때 위대한 극작가와 함께했다는 것이 꿈만 같다."

4인방 몰락 후, 쑨웨이스를 회상하던 다칭의 노동자들은 한결같이 울먹거렸다.

"우리의 웨이스 동지는 열정 덩어리였다. 우리들과 함께 먹고, 함께 일하고, 같은 방에서 생활했다. 무슨 일을 하건 전쟁터에 나

남편 진산(오른쪽 둘째)과 함께
이모부인 철학자 펑유란(馮友蘭. 오른쪽 끝)을 방문한
쑨웨이스(왼쪽 둘째).
1956년 겨울, 베이징대학.

마오쩌둥과 한가한 시간을 보내는 장칭.
1950년대 말, 베이징 교외.

시찰나온 저우언라이에게
석유 노동자들의 생활을 설명하는 쑨웨이스(오른쪽).
1966년 5월, 다칭.

온 사람 같았다. 잘난 척하는 법도 없었다. 화를 내본 적이 있느냐고 물었더니, 여기는 화낼 사람이 없다고 했다. 피곤함이 뭔지 모르는 사람 같았다. 노동자들의 사랑을 받는 진짜 노동자였다. 중국의 홍색 공주라는 말을 듣고도 우리는 놀라지 않았다. 웨이스 동지야말로 우리의 공주였기 때문이다. 비참하게 죽었다는 말을 듣고 얼마나 울었는지 모른다."

장칭의 굴욕 … 쑨웨이스에 연극 합작 부탁했다 딱지

쑨웨이스는 다칭 생활 2년 만에 다칭의 노동자와 그 가족들을 주제로 한 극본 한 편을 완성했다. 문제는 연기자였다. 다칭에서 생활해보지 않은 전문 연기자들은 배역을 소화하는 것이 불가능했다. 쑨웨이스는 다칭의 노동자와 가족들을 무대에 올렸다. 공연은 성공적이었다. 1966년 봄, 다칭의 노동자와 그 가족들이 베이징의 공인문화궁(工人文化宮) 무대에 섰다. 관람을 마친 저우언라이는 "진짜 연극을 봤다"며 흥분을 감추지 못했다. 베이징 주재 외교관들에게 관람을 권했다. 원수 예젠잉은 전군에 지시했다.

"연기자가 따로 없다. 사람은 태어나는 순간부터 배우다. 군인과 군인 가족들도 쑨웨이스와 다칭의 노동자들에게 배워라."

연극은 베이징과 다칭, 산둥(山東)에서 1년간 200여 차례 무대를 장식했다. 장칭은 쑨웨이스의 극본을 현대경극으로 개편할 생각을 했다. 중국희극원으로 비서를 보냈다.

"만나서 의논할 일이 있다."

며칠이 지나도 쑨웨이스는 나타나지 않았다. 직접 집으로 찾아가는 것 외에는 방법이 없었다. 쑨웨이스를 만난 장칭은 함박웃음을 지었다.

"현대경극으로 개편할 극본을 찾는 중이다. 네 극본이 맘에 든다. 합작하자."

쑨웨이스는 거절했다.

"나는 내 일을 하겠다. 합작은 생각해본 적이 없다."

장칭은 다음 날 예췬과 함께 다시 쑨웨이스의 집을 찾았다. 또 거절당하자 잘 생각해보라는 말을 남기고 자리를 떴다. 돌아오는 차 안에서 화를 내자 예췬이 진정시켰다.

"아직 젊어서 그런지 어린애 티를 못 벗었다. 하는 짓이 귀엽긴 하지만 성숙되긴 틀렸다. 20여 년 전 하얼빈에서 처음 볼 때부터 꼴 보기 싫었다. 세상에 없는 애로 치자."

장칭도 고개를 끄덕였다.

장칭, 쑨웨이스의 목을 조여오다

쑨웨이스에게 쑨양(孫泱)이라는 오빠가 있었다. 중국 홍군의 창시자 주더는 팔로군 총사령관 시절부터 쑨양을 챙겼다. 전쟁터마다 데리고 다니며 교육도 직접 시켰다.

"네 아버지는 단아한 사람이었다. 머리가 빈 군인은 생각과 행동이 거칠다. 거칠 때와 단정해야 할 때를 구분할 줄 알아야 한다."

쑨양은 주더에 관한 일이라면 모르는 게 없었다. 1950년대 말부터 『주더전』(朱德傳) 편찬 작업을 관장했다.

문혁 발발 후, 중국의 실력자로 부상한 장춘차오는 문인 출신다

쑨웨이스(뒷편 왼쪽)의 형제들.
쑨웨이스 앞이 딸 쑨샤오란.
1960년대 초, 베이징.

웠다. 『주더전』을 호되게 비판했다.

"군벌을 미화한 책이다. 대군벌을 개국 원수로 묘사해 역사와 사실을 왜곡했다. 개국 원수는 마오쩌둥이다. 주더는 한 게 아무것도 없는 사람이다. 편찬에 참여한 자들을 심사해라."

집필자들의 자아비판이 줄을 이었다.

"우리가 잘못했다. 다른 사람들이 새로 써야 한다."

평소 조용했던 쑨양은 잘못을 인정하지 않았다.

"나는 주더가 지휘하는 모든 전역(戰役)을 직접 본 사람이다. 발언권이 있다고 자부한다. 집필 기간 내내 역사와 사실을 존중했다. 잘못된 게 없는 책이다."

당시 쑨양의 직책은 중국인민대학 부교장이었다. 인민대학 내에 대자보가 나붙기 시작했다.

"쑨양은 항일전쟁 시절 일본이 팔로군 총사령관 주더의 신변에 심어놓은 간첩이다. 일본인을 위해 정보를 수집했다."

대자보는 순식간에 베이징 거리로 번져나갔다. 1967년 10월 2일, 장칭은 인민대학으로 달려갔다. 홍위병들 앞에서 선포했다.

"쑨양은 일본의 특무(特務)였다. 소련 수정주의와 국민당의 특무이기도 하다. 인민대학 교수와 학생들의 가장 큰 적이다."

쑨양은 그 자리에서 인민대학 특설감옥으로 끌려갔다. 이쯤 되면, 죽는 건 시간문제였다. 쑨웨이스는 총리 저우언라이를 찾아갔다. 위병들이 진입을 허락하지 않았다. 붉은 담장만 바라보다 돌아온 쑨웨이스는 저우언라이에게 편지를 보냈다. 오빠를 살려달라고 호소했다. 답장은커녕 연락도 오지 않았다.

딸 리나와 함께한 마오쩌둥과 장칭(가운데).
1954년 가을, 베이징.

입원 중이던 주더도 환자복 차림으로 병원을 나섰다. 주더를 맞이한 저우언라이는 한숨만 내쉬었다. 주더가 돌아가자 옆에 있던 비서에게 한마디 했다. 비서의 회고록 중 한 구절을 소개한다.

"총리는 쑨양이 곤경에 처한 것을 알고 있었다. 내가 보호하려 들면 쑨양은 점점 더 힘들어질 것이라며 쓴웃음을 지었다."

자신부터 살고 보는 저우언라이

쑨웨이스의 머릿속에 한 사람이 떠올랐다. 린뱌오라면 부탁을 들어줄 것 같았다. 당시 린뱌오는 중국의 2인자였다. 마오쩌둥의 후계자로 지명된 린뱌오의 한마디는 하늘을 나는 새 정도가 아니었다. 비행기를 떨어뜨리고도 남을 때였다. 성격상, 청년 시절 자신의 얼굴을 빨갛게 만들었던 여인의 청을 거절할 리가 없었다.

쑨웨이스의 판단은 정확했지만, 모르는 게 있었다. 린뱌오에게 오는 편지는 그의 부인 예췬의 손을 거치기 마련이었다. 쑨웨이스의 편지를 읽어본 예췬은 장칭에게 일러바쳤다. 장칭은 모스크바에서 린뱌오가 쑨웨이스에게 청혼했던 사실을 알고 있었다. 만에 하나, 옛정이 다시 살아날까봐 긴장했다. 예췬과 머리를 맞댔다.

20여 일 후, 쑨웨이스는 낯선 사람들의 방문을 받았다.

"중앙문혁의 지시를 받고 나왔다."

중앙문혁은 장칭을 의미했다. 당시 최고의 권력기관이었다. 불청객들은 선포하듯이 몇 마디 남기고 자리를 떴다.

"일본 특무 쑨양이 10월 6일 세상을 떠났다."

인도네시아 대통령 수카르노의 부인 데위(Dewi Sukarno,
오른쪽)를 마오쩌둥과 함께 맞이하는 장칭(왼쪽 둘째).
가운데는 국가주석 류사오치의 부인 왕광메이.

원인을 묻자 묘한 대답이 돌아왔다.

"제 손으로 인민과 관계를 단절했다. 즉시 화장해 달라며 유골도 남기지 말라고 당부했다."

12월 말, 쑨웨이스의 남편 진산이 낯선 사람들에게 끌려갔다. 대대적인 가택수색이 뒤따랐다. 서가에 있는 책들을 한 장 한 장 넘기며 갈피에 있는 사진과 편지들을 닥치는 대로 부대 자락에 쑤셔 넣었다.

압수해온 물건들을 본 장칭은 경악했다. 압수한 물건 중 편지와 일기는 안 보는 것이 관례였지만, 목표가 쑨웨이스이다 보니 원칙 따위는 생각해볼 겨를도 없었다. 스탈린 생일잔치에 간 마오쩌둥이 쑨웨이스와 산책하는 사진을 비롯해 마오가 친필로 서명해서 보낸 책, 당 지도자들과 주고받은 편지, 문화계 인사들과 어울린 사진, 1940년대 말 장칭이 쑨웨이스에게 접근하기 위해 보낸 편지 등 없는 게 없었다. 저우언라이와 찍은 사진 중에는 눈꼴사나운 모습이 한둘이 아니었다. 장칭과 예췬은 저우언라이에 관한 증거도 확보했다며 쾌재를 불렀다.

장칭은 쑨웨이스 체포를 서둘렀다. 관련기관을 통해 저우언라이에게 쑨웨이스 체포영장을 발송했다. 죄목은 '소련 수정주의 특수공작자'였다. 증거자료를 살펴본 저우언라이는 고심했다. 쑨웨이스도 쑨웨이스지만, 자신부터 살고 봐야 했다. 저우언라이는 쑨웨이스 외에 친동생 저우언서우(周恩壽)와 류사오치의 처남 왕광치(王光琦)의 체포동의서에도 서명했다. 장칭의 지시를 받은 예췬은 공군 사령관 우파셴을 불렀다.

중앙문혁 제1부조장 시절의 장칭(가운데).
왼쪽은 장칭의 든든한 후원자였던 조장 캉성.

1967년 1월, 신화통신사를 방문한
중앙문혁 조장 천보다(왼쪽 둘째)와
부조장 장칭(왼쪽 셋째).

"아무도 모르게 공군 사령부에 감금해라."

"상하이 시절 장칭의 사진은 모두 불태워라"

1966년, 문혁이 발발했다. 마오쩌둥은 부인 장칭을 정치무대에 내세웠다. 중앙희극학원 원장 쑨웨이스는 불안했다. 장칭과도 잘 아는 막내 이모 런췐을 찾아갔다.

"장칭의 정치 참여는 우리에게 불리하다. 나는 30여 년 전 장칭이 상하이에서 뭘 하고 다녔는지 너무 잘 안다. 그 여자도 내가 자기를 얼마나 혐오하는지 알고 있다. 나를 정리하려들 것이 분명하다. 아는 게 너무 많기 때문이다. 내가 모스크바에서 주석과 심상치 않은 일을 벌였다고 의심한다는 말도 들었다."

런췐은 회고록에서 조카와의 마지막 만남을 회상했다.

"한겨울, 황혼 무렵에 웨이스가 달려왔다. 남편이 잡혀갔다며 모자를 벗었다. 머리털이 하나도 없었다. 연금 중이라고 직감했다. 연금에 처해진 사람의 머리를 빡빡 밀어버리던 시절이었다. 낮에는 화장실 청소를 하고, 밤에는 홍위병들에게 닦달을 당한다. 홍위병들은 저우언라이의 비행을 실토하라고 다그친다. 오늘따라 감시가 소홀하기에 빠져나왔다며 상하이 시절 장칭의 사진이 있으면 한 장도 남기지 말고 태워버리라고 했다. 웨이스는 마오 주석을 믿고 있었다. 주석은 영명하다. 장칭이 함부로 하게 내버려둘 리가 없다는 말도 했다. 웨이스가 돌아가자 불길한 예감이 들었다. 젊은 시절 장칭과 함께 찍은 사진들을 불태워버렸

다. 사진 속에 있는 장칭의 옛 남자 친구들에게 미안하다는 생각
이 들었다."

쑨웨이스는 동생 신스와 약속했다.

"매주 수요일 밤, 인민영웅기념비 앞에서 만나자. 내가 못 오면
무슨 일이 생긴 줄 알아라. 장칭은 나와 저우 총리를 한데 묶으려
한다. 나는 죽어도 상관없다. 총리를 끝까지 보호하겠다. 사람은 언
젠가 죽게 마련이다. 너도 준비를 단단히 해라. 어떤 유혹에도 넘어
가지 마라."

공군 사령관 우파셴은 예췬의 지시에 충실했다. 공군 현역들을
동원해 쑨웨이스를 체포했다. 쑨웨이스는 저우언라이가 직접 서명
한 체포영장을 보자 순순히 양손을 내밀었다. 1968년 3월 1일 밤,
그날따라 하늘에 별도 없었다.

쑨웨이스 정도 되면 친청(秦城) 감옥에 수감하는 것이 정상이었
다. 장칭은 저우언라이가 무슨 여우 짓을 할지 우려했다. 총리의 손
이 미치지 않는 곳에 가두라고 단단히 일렀다.

"베이징 시 공안국이 관장하는 더성먼(德勝門) 감옥에 수감해라.
인자함이 범죄가 될 수 있다. 가혹하게 다뤄라."

베이징 시는 중앙문혁의 통제하에 있었다. 중앙문혁은 장칭의
천하였다.

낮엔 매 맞고 밤엔 슬픈 노래 … 감옥서 숨진 쑨웨이스

더성먼 감옥은 국민당 통치 시절 사형수만 수감하던 감옥이었

문혁 초기의 장칭(가운데)과 린뱌오 부부.
1967년 가을, 베이징.

다. 지옥이나 다를 바 없었다. 하늘도 보이지 않고, 온갖 해충이 우글거렸다. 심문은 가혹했다.

"소련에서 무슨 훈련을 받았느냐? 수정주의자 흐루쇼프와 어떤 사이냐? 귀국 후 무슨 파괴활동을 하라고 지시했느냐?"

쑨웨이스의 옆방에 수감됐던 린리(林利, 중공 원로의 딸로 모스크바 유학 시절 치료차 온 장칭의 간호사로 지낸 적이 있다)의 구술을 소개한다.

"온종일 두들겨 패는 소리가 들렸다. 여인은 노래를 잘했다. 밤마다 노래를 불렀다. 그렇게 서글플 수가 없었다. 형언하기 힘든 능욕을 당하면서 천천히 죽어갔다. 쑨웨이스인 줄은 나중에 알았다."

저우언라이는 전 중국에서 벌어지는 일을 손바닥 보듯이 꿰고 있었지만, 쑨웨이스의 행방만은 알 길이 없었다. 수양딸이다 보니 여기저기 물어보기도 난감했다. 6개월 후 갇혀 있던 고위 간부 자녀들이 한꺼번에 석방되자 이들을 통해 중요한 정보를 입수했다.

"한 여인이 동물만도 못한 취급을 받고 있다. 지금쯤 죽었을지도 모른다."

집히는 데가 있었다. 총리 자격으로 조사에 착수했다. 백방으로 수소문했지만 허사였다.

10월 14일, 아침을 마친 간수가 쑨웨이스의 감방 문을 열었다. 침상에서 굴러떨어진 모습을 발견하자 발로 툭 찼다. 몇 번을 차도

쑨웨이스 체포와 심문을 전담한
공군 사령관 우파셴(오른쪽).
연도 미상.

움직이지 않았다. 쑨웨이스가 진산과 결혼한 지 꼭 18년 되는 날이었다. 3일 후, 장칭이 저우언라이의 집무실을 찾았다. 감옥에서 병사한 사람들의 명단을 건넸다. 쑨웨이스의 소식도 빼놓지 않았다.

"뇌출혈로 사망했다. 슬픔을 가눌 길이 없다."

저우언라이는 더 이상 침묵하지 않았다. 주먹으로 책상을 쳤다.

"말 같지도 않은 소리다. 혁명 열사의 딸을 이렇게 대하는 법은 없다."

그 자리에서 전화통을 들고 지시했다.

"쑨웨이스의 시신을 해부하라. 사망 원인을 철저히 밝혀라."

장칭은 뒤도 돌아보지 않고 총리 집무실을 나왔다. 저우언라이는 쑨웨이스가 이미 화장된 줄 모르고 있었다. 쑨웨이스의 억울한 죽음에 분노하는 사람이 한 사람 더 있었다. 1년이 지나서야 옛 연인의 사망 소식을 접한 린뱌오는 누구 짓인지를 직감했다. 평소 근처에도 안 가던 예췬의 방으로 달려갔다. 코를 한 대 쥐어박고 오른쪽 뺨을 사정없이 물어뜯었다.

"장칭이나 너나 똑같은 것들이다. 천벌을 받을 테니 두고 봐라. 제명에 못 살 것들이다."

마오쩌둥과 장칭에게 요구한 세 가지

옌안 시절, 중공은 민주집중제(民主集中制, 광범위한 인민민주주의 바탕 위에서 권력을 집중하는 제도)를 실시했다. 엄격하다 보니 당내 기풍이 건전했다. 최고위직들도 당의 결의사항을 받아들이고 기율을 준수했다. 마오쩌둥의 결혼도 예외가 아니었다.

체포되기 직전의 쑨웨이스.
1968년 2월, 베이징.

1950년대 중반, 마오쩌둥은 옛 친구에게 장칭과의 결혼에 얽힌 얘기를 한 적이 있다.

"하루는 밤늦게 회의가 열렸다. 12시 30분쯤으로 기억한다. 갑자기 저우언라이가 나에게 나가 있으라고 했다. 토론할 문제가 있다는 것이 이유였다. 참석자들도 저우에게 동조하는 표정이었다. 나는 따르는 수밖에 없었다. 옆방에 가서 책과 신문을 뒤적거리며 시간을 보냈다. 나와 장칭의 결혼에 관한 문제라고 직감했다. 결혼은 개인 문제라며 큰소리친 것을 후회했다. 토론은 합의를 보지 못했다. 내가 아는 바로는 저우도 동의하지 않았다. 우리 당은 소수가 다수에게 복종한다는 원칙이 있었다. 결국 다들 동의했다."

1947년 3월 13일, 후쭝난(胡宗南)이 지휘하는 국민당군 23만 명이 옌안을 협공했다. 18일 오후, 장칭과 함께 옌안을 떠난 마오쩌둥은 촌구석인 섬북 일대를 전전하며 전쟁을 지휘했다. 빈 도시에 입성한 국민당군은 중공 중앙비서장 왕뤄페이(王若飛)의 집무실에서 공책 한 권을 입수했다. 중공 중앙위원들이 마오와 장칭에게 요구한 세 가지, 약법삼장(約法三章)이 적혀 있었다.

1. 마오쩌둥과 허쯔전의 부부관계가 해제될 때까지 장칭은 마오쩌둥의 부인 자격이 없다.

2. 장칭은 마오쩌둥의 기거와 건강, 두 가지를 책임진다. 앞으로 그 누구도 당 중앙에 장칭 동지와 유사한 권한을 요구할 수 없다.

3. 장칭은 마오쩌둥의 개인적인 업무만 관장한다. 향후 20년

간 당의 직책을 맡거나 업무에 관여하는 것을 불허한다. 당내 인사나 정치활동 간여를 금한다.

중공은 항간에 떠도는 약법삼장을 공식적으로 부인했다. 장칭의 비서도 인정하지 않았고, 전 국가주석 양상쿤(楊尙昆)은 "국민당이 날조한 허무맹랑한 소리"라고 단정했다. 반대 의견도 만만치 않았다.

"국민당은 명색이 혁명정당이다. 정치적으로 아무런 의미가 없는 말을 만들어낼 리가 없다. 마오와 장칭의 결혼은 중앙서기처의 연구와 비준을 거쳤다. 왕뤄페이가 기록을 남긴 것은 전혀 이상하지 않다."

중공의 약법삼장 요구는 타당성이 있었다. 장칭은 옌안의 중공 고급간부 부인들 중 경력이 제일 빠졌다. 부인네들이 징강산과 대장정 시절을 얘기할 때는 주눅이 들었다. 약법삼장을 군말 없이 수용했다. 이런 장칭을 쑨웨이스가 우습게 보는 건 당연했다.

"부모가 뭐하던 사람인지, 형제자매가 있기나 한지 정체가 불분명하다."

마오쩌둥의 뇌리에 장칭은 확고했다

쑨웨이스는 아버지 쪽뿐 아니라 어머니 집안도 당당했다. 이모나 이모부들은 하나같이 세상이 다 아는 명사였다.

장칭과의 밀월 시절, 마오는 그 누구도 부럽지 않았다. 장칭의 빼어난 붓글씨와 해박한 지식, 귀를 황홀케 하는 노래 솜씨에 마오는

문혁 시절 장칭(왼쪽)은
둥비우를 깍듯하게 맞았다.
1969년 가을, 천안문 성루.

흠뻑 취했다. 가정주부 장칭도 나무랄 데가 없었다. 남들처럼 충돌도 있었지만, 끝나면 애정이 더 깊어지는 그런 다툼이었다. 두 사람은 어딜 가나 붙어 다녔다. 옌안을 포기한 마오가 떠돌이 생활을 할 때 다른 간부 부인들은 안전한 곳으로 옮겼지만 장칭만은 예외였다. 마오의 그림자로 손색이 없었다. 훗날 누구도 넘볼 수 없는 정치적 관계의 기초를 다지기에 충분했다.

신중국 초기에도 마오쩌둥과 장칭의 감정은 옌안 시절과 다를게 없었다. 산책도 함께하고, 나란히 앉아 영화도 보곤 했다. 장칭은 영화라면 다 좋아했지만 쑨웨이스의 남편 진산이 출연한 영화는 안 봤다. 모스크바에서 쑨웨이스가 오해받을 짓을 한 다음부터는 작품 자체를 다 없애버렸다.

시간이 흐르자 마찰이 일어나기 시작했다. 이유는 별것도 아니었다. 일반 부부들처럼 먹는 것과 생활습관 차이가 제일 컸다. 마오쩌둥은 수영을 좋아했지만 목욕은 거의 안 했다. 이빨 닦는 것은 아주 싫어했다. 장칭의 잔소리가 시작됐다.

"음식도 가려먹고, 목욕도 자주 해라. 더러워서 못살겠다."

마오는 밥도 따로 먹고, 잠도 따로 잤다. 장칭도 그게 편했다.

1950년대 후반에 이르자 마오쩌둥은 장칭을 피하기 시작했다. 주변 사람들에게 불평을 늘어놓기 일쑤였다.

"장칭은 너무 살벌하다. 나타나면 흥이 깨진다."

나이든 부부 사이에 정상적인 일이었지만, 마오의 말이다 보니 다들 진실로 받아들였다. 부인에 대한 불만 속에 남편의 애정이 깔려 있을 줄은 상상도 못 했다. 실제로 마오는 장칭의 비서들에게

최고인민법원 특별법정 피고인석에 선 장칭.
1980년 11월 20일.

"고생한다는 말을 들었다. 힘들더라도 나를 봐서 참아달라"는 말을 자주 했다.

마오쩌둥의 뇌리에 장칭의 지위는 확고했다. 함께하는 시간이 줄어들수록 정치적 관계는 날이 갈수록 밀접해졌다. 세상 남자들이 모두 그런 것처럼 믿고 의지하기에는 장칭을 대신할 사람이 없었다. 마오가 쑨웨이스의 죽음을 알았는지는 알 길이 없다. 알았다 할지라도 한 귀로 흘렸을 가능성이 크다.

동북의용군 3

8월 22일 밤, 베이핑 제2감옥 문전에
어린 소년이 달려왔다.
"중국인 정치범 수용 상태를 점검하러 왔다."
감옥문을 연 경비병은 시커먼 총구에 경악했다.
간수는 순순히 열쇠를 내줬다.
어디서 나타났는지 20여 명이 들이닥쳤다.
경보기와 통신시설을 파괴하고 무기를 압수했다.
자오퉁은 죄수 580여 명을 모아놓고 선언했다.
"우리는 의용군이다. 항일을 하려면 우리와 함께 가자."

유격전의 귀재 덩톄메이

"자유의 꽃을 피울 수 있다면 생존 따위는 중요하지 않다."

장쉐량, 국민당과 손잡고 뒤로는 의용군을 지원

구체적으로 말할 수는 없지만, 역사는 만신창이가 된 보물과 화려한 쓰레기들의 혼합물이다. 1931년 9월 중순, 일본이 동북을 침략했다. 중국인들에겐 항일의 시작이었다. 도처에서 봉화가 올랐다. 깃발은 난무했지만 자위적인 성격이 강했다. 조직이 원시적이고 구성원들의 출신 성분도 복잡했다. 농민 50퍼센트, 동북군 출신 25퍼센트, 토비 출신 20퍼센트, 나머지는 노동자와 학생이라는 설이 지배적이다. 명칭도 구국군(救國軍), 의용군(義勇軍), 자위군(自衛軍), 홍창회(紅槍會), 대도회(大刀會) 등 다양했다. 통틀어 동북의용군(東北義勇軍)이라고 불렀다. 1년이 지나자 동북의용군이 체제를 갖추기 시작했다. 전문 연구자의 고증을 소개한다.

"1932년 여름 무렵, 동북항일의용군은 55만 명 내외에 달했다. 랴오닝(遼寧) 성이 27만으로 가장 많았다. 지린(吉林) 성 15만, 헤이룽장(黑龍江) 성은 13만 정도였다. 1945년 8월, 항일전쟁에 승리하기까지 약 100만 명이 동북의용군에 가담했다. 의용군의 발기는 순전히 울분 때문이었다. 먹고살기 위해 참여했던 사람들도 시간이 갈수록 의분 덩어리로 변해갔다. 총탄이 비 오 듯 하고 화약 냄새가 진동하는 속에서 어떤 희생이 따라도 애석 해하지 않았다."

현재 중국 국가인 「의용군행진곡」(義勇軍行進曲)의 주인공들을 얘기하면서 장쉐량(張學良)을 빼놓을 수 없다. 동북의 지배자 장쉐 량은 일본과의 전쟁을 포기했다. 막강함을 자랑하던 동북군을 산 하이관 내로 이동시켰다. 불복하는 지휘관이 속출했다. 이들은 조 직력이 있었다. 병력 2만 명을 결집해 130여 차례 혈전을 벌였다. 일본 관동군의 간담을 서늘케 했다.

베이핑에 자리 잡은 장쉐량은 마음이 편치 않았다. '부저항장군' (不抵抗將軍)이라는 질책은 그렇다 쳐도, 일본은 아버지를 죽인 원 수였다. 난징(南京)에 있는 최고 통치자 장제스의 눈치를 봐가며 의용군을 격려했다. 의용군 지휘관이 베이핑에 오면 무조건 만났 다. 실탄과 자금 지원을 아끼지 않았다.

동북의용군은 성마다 특징이 있었다. 랴오닝 성은 의용군이 제 일 먼저 일어났고, 조선 출신이 많은 지린 성은 전투력이 뛰어났다. 헤이룽장 성은 다른 두 성에 비해 영향력이 앞섰다.

초기 랴오닝 성 의용군 중에는 황셴성(黃顯聲)의 활약이 돋보였 다. 랴오닝 성 경무처장과 선양(瀋陽) 시 공안국장을 겸하던 황셴 성은 국민당 정부의 부저항 명령에 코웃음을 쳤다. 평소 여자와 돈 문제에 관대하다 보니 따르는 부하도 많았다. 공안부대와 경찰을 인솔해 선양에 입성한 일본군과 혈전을 불사했다. 선양이 함락되자 진저우(錦州)로 철수해 장쉐량의 명령을 기다렸다. 황셴성은 틈만 나면 부하들에게 일렀다.

"일본에 투항하는 놈은 신분 여하를 막론하고 소멸시켜야 한다."

장쉐량의 사촌동생 장쉐청(張學成)이 일본에 투항했다. 황셴성은 베이핑에 있는 장쉐량을 찾아갔다. 장쉐량도 부하를 실망시키지 않았다.

"그런 일이라면 내게 올 필요도 없다. 쓰레기는 빨리 치워야 악취가 덜하다. 개미굴까지 뒤져서 없애버려라."

몇 달 후, 발칸반도의 몬테네그로(Montenegro) 시궁창에서 장쉐청의 시신이 발견됐다.

"자유 위해 피 뿌리자"

지린 성 의용군은 동북군과 마적 출신이 주축을 이뤘다. 일본군이 동북을 침략하기 직전 지린 성 주석은 고향에서 부친상을 치르고 있었다. 주석직을 대행하던 시차(熙洽)는 청 황실의 후예였다. 일본에 호의적인 시차는 성 정부가 있던 창춘(長春)을 일본군에게 송두리째 내줬다. 시차의 유혹을 거절한 동북군 장교와 마적들은 '지린자위군'(吉林自衛軍), '국민구국군'(國民救國軍) 등을 조직했다. 시작은 랴오닝 성보다 늦었지만 전투력은 불만했다. 일본군과 천여 차례 교전하며 13개 현을 장악할 정도였다.

중국인을 열광케 하고, 동북의용군의 존재를 세계에 알린 사건은 헤이룽장 성 의용군이 해냈다. 1931년 11월, 랴오닝 성과 지린

1934년 11월, 지린에서
시차의 회유로 투항 의식을 마친 후
일본 헌병 및 특무기관들과 사진을 남긴
지린 성의 마적 두목들.

성을 점령한 일본군은 헤이룽장 성을 압박했다. 성 주석 마잔산(馬占山)은 항전을 결심했다.

"3,000만 동북인을 대신해 뜨거운 피를 허공에 뿌리겠다. 자유의 꽃을 피울 수 있다면 생존 따위는 중요하지 않다."

진저우에 있던 황셴성도 동조했다.

11월 4일 새벽, 일본군 1,300여 명이 전투기의 엄호를 받으며 헤이룽장 성 타이라이(泰來) 현 장차오(江橋)에 도착했다. 일본군은 철교 수리를 이유로 경비병들에게 철수를 요구했다. 오후가 되자 마잔산은 공격 명령을 내렸다. 정부의 명령을 거부한 중국군의 첫 번째 군사행동은 치열했다. 3일간 벌어진 전투에서 일본군 185명을 사살하고, 육박전에서 700여 명을 죽였다.

승전보를 접한 장쉐량은 마잔산 등 옛 부하들에게 밀지를 보냈다.

"앞으로 동북군 정규부대 명칭은 사용하지 마라. 자위군으로 자처하며 일본군에게 대항해라. 항일세력과 합작도 게을리하지 마라."

전국의 언론매체가 마잔산의 항전에 갈채를 보냈다. 대도시마다 위문단을 조직했다. 학교도 들썩거렸다. 학업을 걷어치운 학생들이 동북으로 몰려갔다.

"일본 놈만 때려잡을 수 있다면 뭐든지 다 하겠다"

1993년 봄, 중국은 민정법(民政法)을 개정했다. 도로나 마을 명칭에 인명 사용을 금지시켰다. 랴오닝 성 펑청(鳳城)도 시내 중심을 관통하는 덩톄메이(鄧鐵梅) 로(路)와 먀오커슈(苗可秀) 가(街)

중국 정규군 복장을 한 마잔산.
연도 미상.

의 개명을 서둘렀다. 우선 각계에 의견을 구했다. 원래대로 유지하자는 사람이 대부분이었다.

"사실을 제대로 알리는 게 역사 교육이다. 거리를 오가며 두 사람의 이름을 볼 때마다 가슴이 뭉클하다. 청소년들에게 교육적 의미가 크다."

시민들도 마찬가지였다. 시 정부는 민의가 우선이라며 법규를 무시했다.

"항일 영웅의 이름을 딴 지명은 불변이다."

덩톄메이는 원래 경찰이었다. 사람이 좋고 솔직했다. 융통성은 없었다. 뇌물 밝히는 상관들이 적당히 처리하라는 사건일수록 물고 늘어졌다. 엄청난 결점이었다. 파출소장을 끝으로 경찰에서 쫓겨났다. 윗사람들에게는 미운털이 박혔지만, 부하나 골목 아줌마들에게는 인기가 있었다. 펑청을 떠나는 날 훌쩍거리는 사람들이 많았다.

1931년 9월 18일, 일본군이 만주를 침략했을 때 덩톄메이는 선양을 떠돌고 있었다. 군인들은 정부의 부저항 정책에 충실했다. 펑청을 수비하던 군인들도 총 한 발 쏘지 않았다. 도시와 무기들을 통째로 일본군에게 내줬다. 덩톄메이는 정부의 무능에 가슴을 쳤다.

"온갖 잘난 척하며 거드름 피우더니, 저런 것들이었구나."

진저우에 주둔하던 옛 상관 황셴성을 찾아갔다.

"일본에게 무력으로 저항하고 싶다. 방법을 말해달라."

경찰을 동원해 일본군과 혈전을 치렀던 황셴성은 고지식한 옛 부하를 격려했다. 조언도 잊지 않았다.

동북 최대의 도시 선양에 진입한 일본군.
1931년 9월 19일 오후.

창으로 무장한 자위군 무술부대.
1933년, 평청 인근.

"장소가 중요하다. 랴오둥(遼東) 삼각지는 지형이 복잡하고 인근에 의지할 만한 마을이 많다. 의용군이 활동하기에 적합하다. 너는 평청에 오래 근무했다. 그곳 사람과 지형에 익숙하다. 네가 나서면 따를 사람들이 많다. 일본을 철천지원수로 여기는 조선인도 많은 지역이다. 일단 거기서 시작해라."

덩톄메이의 눈이 반짝했다. 황셴성은 충고도 곁들였다.

"단점도 많은 지역이다. 봉쇄당하면 빠져나갈 곳이 없다."

평청에 잠입한 덩톄메이는 친구들을 찾아다니며 설득했다. 다들 "네가 나선다면 따르겠다"며 동의했다. 조선 청년들은 더했다.

"일본 놈만 때려잡을 수 있다면 뭐든지 다 하겠다."

"빼앗긴 땅을 되찾는 날까지 이곳을 떠나지 않겠다"

10월 하순, 덩톄메이 로 한가운데 있던 커다란 집으로 사람들이 꾸역꾸역 모여들었다. 무장을 하고 나타난 덩톄메이가 동북민주자위군 성립을 선포했다. 마적들은 덩톄메이를 사령관에 추대했다. 종지(宗旨, 강령)도 통과시켰다.

"무력으로 일본에 대항하고, 고향을 보위한다."

소문이 퍼지자 랴오둥의 전직 경찰관과 청소년들이 평청으로 몰려들었다. 1,500명이 되자 부대를 편성했다. 전투부대 외에 정찰대를 따로 두고, 창검술에 능한 청년들로 무술부대도 만들었다. 덩톄메이가 지휘하는 자위군의 첫 번째 전투는 무술부대가 선봉에 섰다. 12월 26일 야밤에 유서 깊은 평황성을 기습했다. 일본군 50여명을 사살하고 무기와 탄약을 확보했다. 감옥도 내버려두지 않았다. 9월 18일 이후에 수감된 사람들을 풀어줬다. 약방으로 위장한 일본 무기고는 폭탄으로 날려버렸다.

덩톄메이는 본인만 몰랐을 뿐 타고난 유격전의 귀재였다. 전 대원들에게 엄수할 사항을 주지시켰다.

"항일구국은 민중 보호가 제일 중요하다. 지혜와 용기, 인자함과 신의를 존중하지 않는 무장세력은 비적과 다를 게 없다. 주민을 불안하게 하거나 부녀자를 희롱하는 자는 적으로 취급한다."

"돈을 멀리한다, 죽음을 두려워하지 않는다, 군민일체, 항일구국, 실지회복" 등 투쟁 구호도 직접 만들었다. 지휘관들에겐 더 엄격했다. "부하들을 모욕주거나 때리지 않는다. 책임을 남에게 미루지 않겠다"는 서약을 요구했다. 자위군은 도처에서 일본군에게 치명타를 안겼다. 시간이 갈수록 인원이 불어났다.

덩톄메이는 대규모 병력을 지휘해본 경험이 없었다. 보급의 중요성을 뒤늦게 깨달았다. 만 명이 넘자 무기와 식량이 부족했다. 일본 관동군은 기다렸다는 듯이 토벌에 나섰다. 1933년 한 해에만 자위군 8,700여 명이 목숨을 잃었다. 덩톄메이는 병력을 분산시켰다. 소수의 부하들을 데리고, 거의 매일 일본군과 싸웠다. 밥도 제대로 못 먹으면서도 산속을 떠나지 않았다. 일본은 덩톄메이 암살단을 조직했다. 효과가 없자 매수에 나섰다. 덩톄메이의 경호원이 걸려들었다.

1934년 5월 초, 이질로 고생하던 덩톄메이는 더 이상 행군이 불

선양으로 압송되는 덩톄메이.
1934년 6월 4일 밤, 펑청역 플랫폼.

가능했다. 부하들이 권했다.

"일본군 손이 미치지 않는 곳에 가서 치료에 전념해라."

덩톄메이는 한마디로 거부했다.

"빼앗긴 땅을 되찾는 날까지 이곳을 떠나지 않겠다."

5월 30일, 덩톄메이는 친척집에 머물고 있었다. 경호원의 안내를 받은 밀정들이 들이닥쳤다. 선양으로 압송된 덩톄메이는 식음을 전폐했다. 관동군 보안국은 회유에 나섰다.

"꼴 좋다. 네 부하가 너를 팔았다. 그런 것들 데리고 뭘 하겠다는 거냐. 우리에게 협조해라."

덩톄메이는 담담했다.

"어느 조직이건 그런 사람은 있기 마련이다. 우리 부대원은 만 명이 넘었다. 배신자는 소수에 불과하다. 싸잡아 모욕하지 마라."

일본군 장교가 휘호를 청하자 선뜻 붓을 들었다.

　

5척에 불과한 몸, 아쉬울 게 없다.

동북 4성은 언제나 수복될까.

五尺身軀何足惜

四省之地幾時收

　

9월 28일 밤, 일본군은 비밀리에 덩톄메이를 살해했다. 젊은 대학생 마오커슈가 덩톄메이의 유지를 계승하겠다고 나설 줄은 상상도 못 했다.

용감한 소년철혈군 먀오커슈

"옛사람의 글을 숭상하되 새로운 것을 배척하지 말고
무武를 중요시하되 거칠어지지 마라."

"러시아가 떠나자 섬나라 원숭이들이 몰려들었다"

난세는 조화 덩어리다. 대(大)전략가가 웃음거리로 전락하는가
하면, 좋은 환경에서 태어나 학문으로 일생을 마치고도 남을 사람
이 전쟁터를 전전하다 후손들에게 영원한 회자 거리를 남기고 삶
을 마감한 경우도 허다하다.

중국의 민족 영웅 먀오커슈는 집안도 좋았지만 어릴 때 좋은 교
육을 받았다. 동북 3성 보안위원이던 부친은 자녀 교육을 제일로
쳤다. 산둥까지 가서 선생을 모셔왔다.

"자식 교육은 남에게 맡겨야 제대로 된다. 직접 시키겠다고 팔
걷어붙이는 것처럼 미련한 짓도 없다. 교육은커녕 부자지간이 원
수로 변하기 십상이다. 나 대신 네가 잘 교육시켜라. 두들겨 패건
말건 상관하지 않겠다. 사람은 말년과 죽을 때가 제일 중요하다.
그걸 알려면 어릴 때 교육을 잘 받아야 한다. 애가 자라면서 오만
해지면 네 탓으로 알겠다. 그땐 세상 끝까지 쫓아가서라도 너를 죽
여버리겠다."

선생이 고개를 끄덕이자 자녀들에게도 신신당부했다.

"밭에서 태양과 씨름하지 마라. 남는 게 없다. 커서도 돼지 키울 시간 있으면 책과 씨름해라. 공직자 할 생각은 하지도 마라. 일부를 제외하곤 전부 도둑놈들이다. 정치가도 마찬가지다. 평소 말은 번 듯하게 잘하지만, 나라가 위기에 처했을 때 책임감이 뭔지를 모르는 망종(亡種)들이다. 옛사람의 글을 숭상하되 새로운 것을 배척하지 말고, 무(武)를 중요시하되 거칠어지지 않도록 노력해라."

먀오커슈는 선생과 아버지를 실망시키지 않았다. 열다섯 살 때 토비(土匪)들이 마을을 습격하자 대장간을 운영하는 숙부를 찾아 갔다. 큰 칼과 창을 지원해달라고 요청했다.

"동북은 아수라장이다. 러시아가 떠나자 섬나라 원숭이들이 몰려들었다. 우리가 아니면 지킬 사람이 없다."

숙부는 조카의 청을 거절하지 않았다. 먀오커슈는 친구 50명을 모아 소년습무단(少年習武團)을 조직했다. 엄마가 준 돈으로 엽총도 십여 자루 사들였다. 여가 시간에 무술과 사격을 연마했다. 다시 마을에 나타난 토비들은 소년습무단의 적수가 못 됐다.

명문 동북대학에 입학한 먀오커슈는 겉으로 보기에 평범한 학생이었다. 남들이 다 가입하는 구국회(救國會, 동북의 대표적인 청년 조직)에 이름은 올렸지만 행동은 두드러지지 않았다. 학업에만 전념했다.

대학 문을 나선 먀오커슈, 졸업장을 강물에 던져

일본이 만주를 점령하자 동북대학은 베이핑으로 이전했다. 베이징대학 한쪽 구석에 간판을 내건 동북대학 졸업식 날, 교장을 겸하던 장쒜량은 먀오커슈에게 최우수상을 줬다. 수여 이유도 설명했다.

"모든 과목 성적이 우수하고, 4개 국어에 능통해 우리를 놀라게 했다."

졸업논문 칭찬도 빼놓지 않았다.

"순자(荀子)와 『손자병법』(孫子兵法)에 관한 연구를 꼼꼼히 읽어봤다. 모범적인 졸업논문이다. 어디 내놔도 손색이 없다."

대학 문을 나선 먀오커슈는 졸업장과 상장을 강물에 던져버렸다. 현 지사(知事)로 나가라는 정부의 제의도 거절했다. 베이징대학 재학생 쩌우다펑(鄒大鵬, 당시 중공은 인정하지 않았지만 중공 당원으로 자처했다. 훗날 린뱌오가 지휘하는 제4야전군 정보부장과 국무원 정보총서 책임자를 역임했다. 한동안 신중국의 정보분야를 총괄했다)과 함께 덩톄메이가 지휘하는 랴오둥 삼각지의 의용군에 합세했다. 아버지에게는 간단한 편지를 보냈다.

"스승과 아버지의 가르침을 한시도 잊은 적이 없습니다. 항일구국에 투신할 생각입니다."

먀오의 아버지는 한숨만 내쉬었다. 옆에 있던 부인이 내용을 묻자 거짓으로 둘러댔다. 제대로 말했다간 "너는 하지도 못할 일을 애한테만 강요하더니 귀한 자식 잃게 생겼다"며 난리를 부릴 게 뻔했다.

덩톄메이는 먀오커슈를 의용군 참모장에 기용했다. 먀오의 근황이 알려지자 소년습무단 단원들도 하나둘 의용군에 가담했다. 먀오는 이들을 근간으로 '소년철혈군'(少年鐵血軍)을 출범시켰다. 간

동북대학 재학 시절, 교수와 학생들 사이에
섞여 모습을 남긴 먀오커슈(셋째줄 왼쪽 여섯째).
1933년 4월, 베이핑.

단한 구호도 만들었다.

"백성을 아끼고 보호한다. 경찰을 적으로 돌리지 않는다. 의용군과 단결해 일본인을 타도하자."

철혈군은 400명에 불과했다. 외부에는 덩톄메이를 경호하는 학생병으로 알려졌지만 전투력은 동북의 어느 의용군보다 강했다. 무기와 식량 부족이라는 최악의 상황에서 400일간 100여 차례 일본군에게 타격을 가했다. 일본의 괴뢰였던 만주국은 철혈군이라면 넌덜머리가 났다. "국적 먀오커슈"(國賊 苗可秀)라는 홍보물을 살포했다.

먀오커슈는 융통성이 많았다. 중공당원은 아니었지만 중공이 자랑하는 항일영웅 양징위(楊靖宇)와도 연합을 모색했다. 양징위도 먀오의 배짱이 맘에 들었다. 일본군으로 위장시킨 참모와 조선인 전사(戰士) 20여 명을 철혈군에 파견했다. 일본의 포위망을 뚫지 못해 성사는 안 됐지만 관계는 돈독해졌다. 먀오커슈와 중공의 관계는 밝혀진 것이 없지만, 이 사건을 계기로 중공과 손잡은 동북항일연군(東北抗日聯軍)의 음영(陰影)이 철혈군 주위를 떠돌기 시작했다. 덩톄메이가 죽자 랴오둥 삼각지의 자위군은 먀오커슈를 2대 지도자로 추대했다.

먀오커슈의 뒤를 잇는 자오퉁

덩톄메이를 계승한 먀오커슈는 일본에 붙어먹은 중국인(한간, 漢奸)을 사람 취급하지 않았다. 옛 부하들이 비슷한 구술을 남겼다.

"랴오둥 삼각지의 의용군을 토벌하던 일본군이 덩톄메이에게 담판을 제의한 적이 있었다. 첫 번째 담판은 화기애애했다. 두 번째는 먀오커슈가 대표를 자청했다. 안심하고 나온 일본군 대표 다섯 명을 쏴 죽였다. 애걸하는 중국인 통역은 절벽에서 던져버렸다."

1935년 6월 13일, 먀오커슈는 부하들과 함께 마을에 야숙했다. 민가 10여 호가 있는 작은 마을에 일본의 첩자가 있을 줄은 상상도 못 했다. 들이닥친 일본군과 8일간 격전을 치르다 중상을 입었다. 행군이 불가능해지자 대학 후배 자오퉁(趙侗)에게 총구를 겨눴다.

"도주해라. 거역하면 죽여버리겠다."

포로가 된 먀오커슈는 중국인 통역의 배석을 거부했다. 먀오를 흠모하는 일본군 장교가 지필묵을 들고 와 유언을 청했다. 즉석에서 '정기천추'(正氣千秋) 네 자를 남겼다.

7월 25일, 일본군은 먀오커슈를 감옥에서 끌어냈다. "네가 죽인 담판 대표들의 기념비 앞에 무릎 꿇고 가족들에게 사죄하라"고 윽박질렀다. 먀오는 끝까지 거절했다. 에워싼 군중들이 웅성거렸다. 곡소리가 터지자 일본군은 당황했다. 먀오를 숲 속으로 끌고 갔다. 잠시 후 총성이 울렸다. 훗날 중국 정부는 먀오의 죽음을 헛되게 하지 않았다. 희생된 자리에 학교를 세웠다. '먀오커슈 중학'이라고 명명했다.

덩톄메이에 이어 먀오커슈마저 세상을 떠나자 랴오둥 삼각지의 의용군은 방황했다. 자오퉁이 지휘권을 장악하기까지 시간이 걸렸다. 일본군이 동북을 침략했을 때 자오퉁은 동북대학 물리학과 1학년이었다. 저항을 포기한 국민당 정부에 실망을 느끼자 학생운동에 뛰어들었다. 수도 난징에 가서 시위에 참여하고 동북학생군을 조직했다. 크게 한 일은 없었지만, 동북 출신들이 산하이관을 넘어와 조직한 최초의 항일단체였다.

자오퉁의 모친 훙원궈(洪文國)는 소문난 여장부였다. 평소 남편에게 불만이 많았다.

"워낙 평범한 사람이다. 어찌나 겁이 많은지, 일본 사람을 보면 비실비실대며 피하기만 한다. 그럴 때마다 울화통이 터지고 사는 재미가 없다. 누구네 집 남편이 항일의용군 나갔다는 말을 들을 때마다 창피해서 못살겠다. 아들이 아버지를 안 닮아 천만다행이다."

자오퉁이 덩톄메이의 의용군에 가입하겠다고 하자 "네 덕에 얼굴 들고 다니게 됐다"며 기뻐했다.

자오퉁은 먀오커슈가 자리를 비울 때마다 '소년철혈군'을 지휘했다. 일본군도 팔짱만 끼고 있지 않았다. 자오퉁의 부모를 인질삼아 투항을 권했다. 거절당하자 자오의 수중에 있던 한간 한 명과 교환했다.

감옥을 털어 의용군을 모집하다

자오퉁은 1936년 1월, 랴오난(遼南) 임시정부를 조직했다. 1930년 7월 설립된 조선혁명군과 합작했지만, 워낙 개성이 강한 사람들이라 오래가지 못했다. 출로를 모색하던 자오퉁은 소수 정예들과 함께 산하이관을 넘었다.

1937년 7월 7일, 베이핑 교외에서 중·일 두 나라 군대가 충돌했다. 자오퉁은 항일 근거지 물색에 나섰다. 장소를 우타이산(五臺山)으로 정하고 무기와 인력 확보에 나섰다. 우선 동북대학생 중에서 지원자를 모집했다. 24명을 거느리고 칭화(清華)대학 담을 넘었다. 국민당 정부가 숨겨둔 무기와 실탄을 귀신도 모르게 탈취했다. 인력은 감옥에서 구했다. 8월 22일 밤, 베이핑 제2감옥 문전에 어린 소년이 달려왔다. 숨을 헐떡이며 "일본군 장교가 온다"고 외쳐댔다. 이어서 일본 장교가 통역과 함께 나타났다.

"중국인 정치범 수용 상태를 점검하러 왔다."

감옥문을 연 경비병은 시커먼 총구에 경악했다. 간수는 순순히 열쇠를 내줬다. 어디서 나타났는지 20여 명이 들이닥쳤다. 경보기와 통신시설을 파괴하고 무기를 압수했다. 자오퉁은 죄수 580여 명을 모아놓고 선언했다.

"우리는 의용군이다. 항일을 하려면 우리와 함께 가자."

간수 7명을 포함해 300여 명이 자원했다. 이 사건이 알려지자 여기저기서 감옥이 털리기 시작했다. 동북이 특히 심했다.

대오를 갖춘 자오퉁은 국민항일군을 출범시켰다. 동북 출신 학생들이 꾸역꾸역 몰려들었다. 9월 8일, 첫 번째 전투가 벌어졌다. 열두 대의 항공기까지 동원한 일본군은 참패했다. 국민항일군의 명성은 국내외를 진동시켰다. 화교들이 프랑스에서 발간하던 『구국시보』(救國時報)는 "베이핑 교외에 있는 항일의 중심세력"이라며 국민항일군과 사령관 자오퉁을 추켜세웠다.

중공은 자오퉁을 경계했다. 팔로군 간부 양청우(楊成武)를 내세

팔로군 시절의 자오퉁(왼쪽 넷째).
오른쪽 다섯째는 훗날 6·25전쟁 시절
중공군 부사령관을 역임한 덩화(鄧華).

감옥을 털었다는 이유로
총살되기 직전의 항일의용군들.
1937년 12월, 치치하얼(齊齊哈爾).

워 회유했다. 자오퉁은 단순했다. 국민항일군을 팔로군에 편입시켰다. 국민항일군을 끌어안은 중공은 자오퉁의 입당 신청을 거절했다. 대신 부사령관 두 명의 입당은 수락했다.

자오퉁은 200여 명을 데리고 딴살림을 차렸다. 상황을 보고받은 장제스는 자오에게 화북국민항일군 사령관 임명장을 보냈다. 1939년 가을, 이동 중이던 자오퉁은 낯선 부대의 습격을 받고 사망했다. 최근 발견된 자료에 따르면 팔로군이라는 설이 지배적이다. 자오퉁의 사망으로 랴오둥 삼각지의 항일의용군은 자취를 감췄다. 그 자리를 동북항일연군이 차지했다.

우리는 머리가 검다 4

1970년 10월 8일, 김일성의 베이징 방문을
마오쩌둥은 중요시했다. 몇 년간 만나지 못한
두 사람은 할 말이 많았다. 두 시간이 넘도록
저녁을 먹으며 얘기가 그치지 않았다.
마오쩌둥이 먼저 그간 있었던 중국 쪽 과오를 인정했다.
"우정이 첫 번째고 오해는 그다음이다.
누가 뭐래도 우리는 한집안이나 마찬가지다.
공동의 적에게 반대하고, 공동으로
각자의 국가를 건설해야 한다."
이튿날 오후에 열린 김일성과 저우언라이의 회담은
일곱 시간이 지나도 그칠 줄을 몰랐다.
모두 입술이 마를 정도였다.

중국 몰래 시작한 6·25전쟁

"조선의 요청을 거부할 명분이 없다.
도의적 책임이 우리를 압박하고 있다."

냉정한 스탈린, 망설이는 마오쩌둥

언제까지 지속될지는 몰라도, 중국의 국·공내전에 이어 1950년 6월 25일에 발발한 6·25전쟁은 북·중 관계의 새로운 이정표나 다름없었다.

1948년 8월 15일과 9월 9일, 한반도에는 25일 간격으로 남북에 정권이 들어섰다. 중국에도 새로운 질서가 태동하고 있었다. 린뱌오가 지휘하는 제4야전군이 동북에서 국민당군을 궤멸시켰다. 여세를 몰아 화북에서 승리한 중공은 1949년 1월 31일, 베이핑에 무혈입성했다.

중공의 승리를 확신한 김일성(金日成)은 무력을 동원한 한반도 통일을 서둘렀다. 3월 초, 소련으로 달려간 김일성은 스탈린(Iosif Stalin)과의 회담에서 무력을 통한 통일 계획안을 설명했다. 스탈린은 냉철했다. 김일성에게 승낙은커녕 희망적인 메시지조차 주지 않았다. 군대를 동원해 남조선을 공격할 필요가 없다고 잘라 말할 정도였다. 다만 "소규모 충돌을 자주 일으켜라. 남조선 군대가 반격해오면 38선을 넘는 것은 가능하다"며 여지는 남겼다. 건의도 잊

중국의 6·25전쟁 파병을 기념해 펼쳐진 조선협주단의 공연을
안경을 쓰고 관람하는 마오쩌둥(둘째줄 오른쪽 셋째).
둘째줄 왼쪽부터 덩샤오핑, 저우언라이, 그리고 협주단을 이끌고
중국을 방문한 북한 총정치국 부국장 장소환이 앉아 있다.
둘째줄 오른쪽부터 류사오치와
초대 주중 북한대사 이주연(李周淵)이 보인다.
1960년 10월 25일 밤, 베이징 인민대회당.

지 않았다.

"중국의 지지를 받아내라."

3월 23일, 마오쩌둥도 마지막 농촌지휘부가 있던 시바이포(西柏坡)를 출발해 베이핑 교외에 안착했다. 정확한 귀국 날짜는 알 수 없지만, 북한으로 돌아온 김일성은 중국에 파견할 특사로 김일(金一)을 선정했다. 김일성이 김일을 선택한 것은 나름대로 이유가 있었다. 북한이 중국에 파견한 최초의 외교관이라고 해도 좋을 김일은 소련과 중국 양쪽에 널리 알려진 인물이었다. 본명이 박덕산(朴德山)인 김일은 1931년, 21세 때 옌벤(延邊)에서 반제동맹(反帝同盟)에 참가해 동북항일연군 사단 정치부 주임과 문화부장 등을 역임한 동북지역 항일무장투쟁의 정통파였다. 게다가 소련에서 정치경제학을 공부한 소련통이기도 했다. 5월 초순, 마오쩌둥은 김일성의 특사 자격으로 베이핑을 방문한 김일을 실망시키지 않았다.

"필요한 경우 중국은 군대를 파견해 조선을 지원하겠다."

마오쩌둥의 비서였던 스저(師哲)의 회고록에 두 사람의 만남을 언급한 대목이 있다.

"마오쩌둥과 김일의 대화는 간단했다. 회담 중 마오쩌둥은 유사시 조선에 파병하겠다는 말을 분명히 했다. 심지어 '우리는 머리가 검다. 조선인인지 중국인인지 구분이 안 간다'는 말도 했다. 김일에게 믿음을 주기에 충분했다."

마오쩌둥은 시종일관 "총구에서 정권이 나온다"고 주장하던 사람이었다. 그러다 보니 김일성의 구상을 지지할 수밖에 없었지만, 당장 무력을 사용해 통일하겠다는 주장에는 동의하지 않았다.

"가까운 시기에 남조선을 공격하겠다는 것은 현실적이지 못하다. 지금 우리 군대의 주력은 양쯔 강 이남에 있다. 일단 미국이 끼어들면 신속하게 대응하기 어렵다."

1949년 9월에도 북한은 모스크바 쪽에 무력통일을 지지해달라고 부탁했지만 거절당했다. 다시 중국에 매달렸지만 중국도 당장은 곤란하다며 완곡하게 거절했다.

1950년 새해가 밝았다. 1월 19일, 평양 주재 소련대사관에서 열린 연회에 참석한 김일성은 무력을 통한 통일 문제를 거론하며 스탈린 면담을 요청했다. 평소 같으면 당장 답신이 왔겠지만, 소련 쪽에서는 지지부진 연락이 없었다. 1월 31일이 되어서야 기다리던 회답이 왔다.

"조선 쪽의 계획에 동의한다. 모스크바로 오기 바란다."

스탈린은 김일성의 군사계획에 동의했지만 마오쩌둥의 동의를 구하라는 단서를 달았다. 당시 마오쩌둥도 모스크바에 있었지만 스탈린은 마오쩌둥에게는 일언반구 내색도 안 했다. 김일성은 스탈린의 충고에 충실했다. 주중 북한대사 이주연을 통해 마오쩌둥 면담을 정식으로 요청했다. 마오쩌둥은 김일성이 중국에 오려는 이유를 알고 있었다. 3월 말, 이주연에게 "만일 통일에 관한 구체적인 계획을 의논하기 위해서라면, 극비리에 오라"고 통보했다.

"가까이 있는 친구가 멀리 있는 친구보다 못하단 말인가"

4월 17일, 린뱌오 휘하의 야전군 도해(渡海)부대가 목선을 개조한 군함을 타고 하이난 섬에 상륙했다. 남해 도서에 산재해 있던 국민당군의 방어체제는 완전히 와해됐다. 김일성은 그 뒤인 5월, 베이징에 도착했다. 김일성은 신중국 선포 반년 만에 최초로 중국을 방문한 외국 국가원수였다. 중공은 서태후가 여자 손님들에게 연회를 베풀던 중난하이의 하이옌탕(海晏堂)에 김일성의 숙소를 마련했다. 비밀 방문이다 보니 의장대 사열이나 국가 연주는 물론, 공식적인 연회도 베풀 처지가 못 됐다. 중난하이 내부에서도 하이옌탕에 귀한 손님이 와 있다는 것은 알았지만 누구인지는 몰랐다.

마오쩌둥, 주더, 류사오치, 저우언라이, 런비스(任弼時) 등 중공의 5대 서기(書記)는 김일성의 방문에 관심이 없었다. 대접은 극진히 했지만 만나기를 꺼렸다. 이유는 2개월 전 모스크바에서 보여준 스탈린과 김일성의 처신 때문이었다. 마오쩌둥과 저우언라이가 모스크바에서 스탈린, 베리야(Lavrentiy Beriya), 몰로토프(Vyacheslav Molotov) 등과 중·소 우호조약 문제로 신경전을 벌이고 있을 때 김일성도 몰래 모스크바에 와서 스탈린과 여러 차례 회담을 하고 있었다. 아무리 소련이 중국 쪽에 김일성이 와 있다는 소식을 봉쇄했다 할지라도 김일성이 마오쩌둥을 찾지 않은 것은 큰 실수였다. 마오쩌둥이 "가까이 있는 친구가 멀리 있는 친구보다 못하단 말인가. 조선인들은 남북 할 것 없이 코 큰 사람들 뒤만 따라다닌다"며 불쾌해한 것이 엊그제였다.

마오쩌둥은 저우언라이만 배석시키고 김일성과 마주했다. 김일

조선노동당 3차 대회에 참석하기 위해
평양을 방문한 중국 대표단 단장 녜룽전,
소련 대표단 단장 브레즈네프(Leonid Brezhnev)
그리고 김일성(오른쪽 둘째부터 셋째, 넷째).
오른쪽에 서 있는 여성은 북한 부녀연맹 주석 박정애(朴正愛).
1956년 4월, 평양.

성은 중국어를 자유자재로 구사했다. 통역이 있을 필요가 없었다. 김일성이 5대 서기에게 줄 선물이라며 기다란 상자 다섯 개를 건넸다. 상자마다 산삼이 한 뿌리씩 들어 있었다. 특히 마오쩌둥 것은 크기가 굉장했다.

징푸쯔(京夫子)는 역작 『북경재상』(北京宰相)에서 두 사람의 만남을 생생히 묘사했다.

"선물 증정을 마친 김일성은 본론을 꺼냈다. '스탈린 동지가 나의 통일전쟁 구상을 지지했다. 무상으로 무기 지원과 공중 엄호를 약속했다. 미국과 서방국가가 간섭 못 하게 속전속결로 3주일 내에 전쟁을 끝내고 통일된 조선노동당 국가를 선포하라고 내게 요구했다. 우리 당과 정부는 이 문제를 신중히 고려했다. 중국 동지들에게 구원을 요청하자고 의견을 모았다. 1개 병단을 우리에게 빌려주기 바란다. 그들에게 조선 복장을 입혀 조선인민군의 주력부대로 삼고 싶다. 통일이 되면 즉각 봉환하겠다. 우리 당과 정부는 평양이나 서울에 우의를 영원히 기념할 수 있는 탑과 기념관을 세워 대대손손 중국 동지들의 사심 없는 도움을 기념하겠다.'"

마오쩌둥은 연신 고개만 끄덕이며 알았다는 말만 되풀이했다. 김일성의 말이 끝나자 마오쩌둥이 저우언라이에게 눈짓을 했다. 저우언라이가 입을 열었다.

"비밀 방문이라 열렬한 의식을 거행하지 못했다. 우리는 형제나 마찬가지다. 사실 그대로 말해줘서 고맙다. 소련, 특히 스탈린 동지가 너희들의 통일전쟁을 적극 지지하는 것처럼 우리의 당과 정부도 마땅히 지원해야 한다. 지원 방법에 대해서는 아직 연구한 바가 없다. 1개 병단이면 10여만의 병력을 의미한다. 빠른 시간 내에 답변을 주겠다. 이틀 뒤에 다시 만나자."

마오쩌둥은 형제를 강조하며 상대방에게 희망을 주는 저우언라이의 어투에 만족했다. 박수를 치며 벌떡 일어나 김일성의 손을 잡아끌었다.

"혁명이건 전쟁이건 모두 먹고살자고 하는 짓이다. 전쟁도 중요하지만 먹는 건 더 중요하다. 우선 밥부터 먹자. 우리 집에 귀빈을 위한 음식을 차려놨다. 저우언라이가 마오타이주도 준비했다."

김일성은 술엔 관심이 없었다.

"주석과 총리께 한마디만 더 하겠다. 평양에 할 일이 많다. 빨리 돌아가야 한다. 이곳에 오래 머무를 시간이 없다."

마오쩌둥은 김일성의 손을 놓지 않았다.

"우리도 너와 다를 게 없다. 우리는 모두 전쟁을 좋아하는 사람들이다. 저우언라이는 무슨 일이건 쾌도난마(快刀亂麻)로 처리한다. 걱정 마라."

"조선의 요청을 거절할 명분이 없다"

서기 875년, 당(唐) 희종(僖宗) 2년, 산둥의 소금 밀매업자 황소

(黃巢)가 반란을 일으켰다. 궁지에 몰린 희종은 총신 정경사(程敬思)를 사타국(沙陀國)의 족장 이극용(李克用)에게 파견해 병력을 지원해달라고 요청했다. 한때 희종에게 핍박을 당하고 쫓겨난 이극용은 거절했다. 내부 사정이 워낙 복잡해서 당나라에 군대를 보낼 형편도 못 됐다. 정경사는 이극용의 집안 사정을 훤히 꿰뚫고 있었다. 이극용의 아들을 동원해 그의 부인들을 구워삶았다. 이극용은 부인들을 무서워했다. 부인들의 성화에 어쩔 수 없이 군대를 동원해 황소의 난을 진압했다. 1070여 년 뒤 북한과 중국 사이에 비슷한 일이 벌어졌다.

다음 날 마오쩌둥은 중앙서기처 확대회의를 소집했다. 병중인 런비스를 제외한 네 명의 서기 외에 동북의 가오강(高崗)과 총참모장 대리 네룽전까지 참석한 회의였다. 우한(武漢)에 체류 중인 린뱌오는 귀찮은 것을 싫어해 예전에 부상당한 상처가 재발했다는 핑계로 병원에 입원해버렸다.

마오쩌둥, 주더, 가오강을 제외한 나머지 참석자들은 뭐든지 기록하는 습관이 있었다. 마오쩌둥이 선언했다.

"비밀을 요하는 아주 중요한 회의다. 필기를 금한다. 모두 머릿속에 기록해라."

그는 이어서 수천 년간 지속되어온 한반도와 중국의 관계를 설명하기 시작했다.

"간밤에 김일성 동지와 한차례 얘기를 나눴다. 우리가 1개 병단, 3개 군만 지원해주면 통일을 이룰 수 있다며 호언장담했다. 그의 말에 따르면 스탈린도 3주일 안에 전쟁을 종결시키면 미국도 끼어들 수 없다며 무기와 공군력 지원을 약속했다고 한다."

그는 이어서 도의적 책임에 관해 구체적으로 설명했다.

"김일성은 동북에서 20년 가까이 일본과 무장투쟁을 벌였다. 1930년대 초, 우리가 장시 소비에트에 있을 무렵 김일성은 동북항일연군의 지휘관 중 한 사람이었다. 15년간 장백산(백두산) 지역에서 일본군에게 타격을 가한 경력 때문에, 8년간 일본과 전쟁한 우리를 가볍게 볼지도 모른다."

국·공내전 시절에 받은 도움도 거론했다.

"1947년 초, 린뱌오의 동북민주연군은 계속 국민당군에게 밀렸다. 북조선은 패배한 우리 전사들의 든든한 피신처였다. 싸우다 지면 무조건 강을 건넜다. 김일성 정권 덕에 동북의 우리 병력은 액운을 면하고 전력을 보존할 수 있었다. 그뿐만이 아니었다. 김일성은 소련 점령군 수중에 있던 다량의 무기와 탄약을 우리 쪽에 제공했다. 북조선에 피신해 있던 우리 쪽 지휘관들은 김일성을 볼 때마다 조선 형제들이 환난에 처하게 되면 우리가 있는 힘을 다해 은혜에 보답하겠다는 말을 빼놓지 않았다. 역사적으로 조선은 남북의 구분이 없었다. 지금 조선은 38선을 중심으로 남북에 정권이 들어섰다. 최근 이삼십 년간 조선노동당과 조선인민군은 우리의 혁명 사업에 힘을 보태고 희생을 치렀다. 이제 우리는 승리했다. 조선의 요청을 거부할 명분이 없다. 지금 도의적 책임이 우리를 구체적으로 압박하고 있다."

마오쩌둥은 끝으로 황소의 난과 이극용에 얽힌 고사를 인용했다.

"지금 우리의 처지는 원하건 원치 않건 간에 사타국 신세가 됐다. 동북왕 가오강도 원하건 원치 않건 한 번은 이극용이 되어야 한다. 어차피 한 번은 치러야 할 일이다."

주더, 류사오치, 저우언라이의 신중론

연설을 마친 마오쩌둥은 각자의 의견을 요구했다. 평소 서열대로 군 총사령관 주더가 먼저 입을 열었다.

"신중해야 한다. 지금 우리는 겨우 숨통을 튼 상태다. 티베트와 타이완, 연안도서 외에도 토비와 반공구국단 등 해결해야 할 문제가 많다. 우리 병사들은 진흙 덩어리가 아니다. 마치 우리가 궁할 때 빌려준 돼지 새끼라도 내놓으라는 듯이 10여만의 병력을 빌려달라니 말도 안 된다. 전쟁을 치르고 돌려주겠다고 하지만 과연 몇 명이나 살아서 돌아올 수 있을지 모르겠다. 3주일 내에 속전속결로 끝내겠다는 것도 믿을 수 없다."

주더의 발언이 끝나자 류사오치가 뒤를 이었다.

"총사령관의 의견에 동감한다. 김일성의 통일사업은 지지하지만 지금은 때가 아니다. 군대를 빌려주는 문제에 앞서 우리 쪽에 있는 조선족 부대의 간부들을 고문 형식으로 파견하는 것은 고려해볼 만하다. 저들이 자신의 군대를 동원해 38선을 깨고 남조선의 대부분을 점령한 뒤에 우리 병력을 파견해 소탕작전을 돕고, 방어를 공고히 해주는 것이 어떨까 하는 생각이다."

류사오치는 원래 말이 많았다. 발언이 계속될 기미가 보이자 마오쩌둥이 끼어들었다.

"우리 문제부터 처리한 뒤에 남의 일에 끼어들자는 말도 일리가

국·공내전 시절, 화북지역의 야전군을 지휘한
네룽전(왼쪽 셋째)과 합류한 동북의 지휘관들.
오른쪽부터 린뱌오, 가오강.

있다."

마오쩌둥은 저우언라이에게 눈길을 줬다.

"총리 차례다. 의견을 말해봐라."

마오쩌둥이 기록을 금지하는 바람에 연필만 만지작거리던 저우언라이가 입을 열었다. 그날따라 저장(浙江) 사투리가 유난히 심했다고 한다.

"그간 나는 외교 업무를 주관해왔다. 김일성이 전쟁을 일으킬 경우 국제전으로 비화될 확률이 높다. 미국 등 서방국가가 민감한 반응을 보일까봐 우려된다. 소련 적군(赤軍)은 이미 조선반도에서 철수했다. 스탈린은 다시 조선에 돌아올 의향이 없다고 봐도 된다. 김일성의 통일전쟁은 우리와도 연관이 있다. 한때 우리는 동북에 주둔한 소련군의 철수를 끈질기게 요구하며 소련군이 동북에서 철수하지 않을 경우 국민당군과의 전쟁을 중지하고 소련군과 싸우겠다는 주장을 공공연히 한 적이 있다. 민심을 얻기 위해 어쩔 수 없이 한 말이었지만 스탈린의 심기가 편치 않았을 것은 분명하다. 소련은 우리의 요구로 뤼순(旅順)과 다롄에서 철수하는 바람에 부동항(不凍港)을 상실했다. 스탈린이 김일성의 통일전쟁을 지원하겠다는 이유는 부동항을 확보하겠다는 목적 외에는 없다. 스탈린은 극동에서 미군과 마주하기를 바라지 않는다. 소련의 전략은 모든 위해 요소가 서방에서 오지 동방에서 온다고 보지 않는다. 지금 일본에는 미국의 강력한 육해공군이 주둔하고 있다. 이들은 워싱턴의 명령만 떨어지면 며칠 안에 조선반도의 어느 항구에건 상륙이 가능하다. 우리는 김일성에게 이 점을 충분히 납득시켜야 한다. 김일성과 스탈린은 미국과 서방국가가 조선반도의 전쟁에 끼어들 확률을 너무 낮게 보는 것 같다."

의리의 사나이 동북왕 가오강

마오쩌둥이 회의장을 정리했다.

"세 동지가 신중론을 제시했다. 전쟁이 일어나면 동북 3성은 김일성 동지의 후방 역할을 해야 한다. 동북왕 가오강의 고견을 듣고 싶다."

마오쩌둥이 가오강을 동북왕이라 부르는 것은 나름대로 이유가 있었다. 린뱌오와 함께 동북에서 제4야전군을 지휘한 가오강은 린뱌오가 동북을 떠난 뒤 중공이 최초로 정부 명칭을 붙인 동북인민정부 주석, 중공 동북국 서기, 동북 군구 사령관을 겸한 동북의 최고지도자였다. 당시 동북인 중에는 가오강의 이름은 알아도 마오쩌둥은 모르는 사람이 많았다. 집회가 열릴 때마다 가오 주석 만세가 진동하는 경우는 있었지만 마오 주석 만세를 부르는 경우는 전혀 없었다. 마오쩌둥의 초상화가 걸려 있는 건물도 전무했다. 어딜 가나 가오강과 스탈린의 초상화가 나란히 걸려 있었다. 마오쩌둥은 이 점을 간과하지 않았다. 가오강을 부를 때마다 동북왕 소리를 빼놓지 않았다. 일종의 야유였다.

마오쩌둥의 지명을 받은 가오강은 여유만만했다. 담배를 지그시 물고 불을 댕겼다. 한동안 뭔가 생각하는 표정을 짓더니 천천히 입을 열었다.

"세 동지의 의견은 내용은 다르지만 결국은 같은 의미다. 현재

소련은 신중국을 제일 먼저 승인한 국가였다.
중화인민공화국 선포 다음 날 중국 주재 소련대사는
마오쩌둥에게 신임장을 제정한 뒤 기념사진을 남겼다.
앞줄 왼쪽 여섯째가 초대 중국 주재 대사 로신(Nikolai Rosin).
중국 쪽에서는 마오와 저우언라이 외에
린보취(林伯渠), 네룽전, 왕빙난(王炳南)이 참석했다.
1949년 10월 2일 오후, 베이징 중난하이.

동북에 있는 나는 동지들과 생각이 다르다. 첫째, 조선의 당과 인민들이 베풀어준 은혜를 잊어선 안 된다. 내 말은 절대 과장이 아니다. 동북전쟁 시절 적시에 북조선 경내에 들어가지 않았다면 우리는 국민당군에게 거의 먹혔다. 군대를 빌려주는 것은 우리의 의무이기도 하다. 무슨 일이 있어도 은혜를 갚는 중국인의 전통을 위배해서는 안 된다. 둘째, 조선이 통일되면 조선반도는 사회주의 진영의 전초기지가 된다. 바다 건너 일본을 호랑이처럼 두 눈 부릅뜨고 위협할 수 있다. 우리의 경제회복과 건설에도 도움이 된다. 셋째, 병력을 집중해서 기습을 가하면 3주일 내에 전쟁을 끝내는 것이 가능하다. 현재 남조선 군대는 모병한 지 2년도 안 되는 오합지졸이다. 전쟁 경험도 없고, 장비도 제대로 없다. 있어도 다룰 줄도 모른다. 일격에 붕괴시킬 수 있다. 넷째, 우리는 수십 년 동안 혁명과 전쟁으로 일관해왔다. 혁명과 전쟁은 일종의 도박이다. 모험정신을 상실하면 노예로 전락하는 것은 시간문제다."

가오강은 평소 주더나 저우언라이를 우습게 알았다. 특히 류사오치에게는 "어디서 뭐 하던 사람인지 모르겠다"며 대놓고 멸시할 때가 많았다.

총참모장 녜룽전의 의견은 간단했다.

"중앙의 결정에 복종하겠다. 군사위원회 주석의 명령을 충실히 집행하겠다."

자신의 의견을 밝힌 참석자들은 마오쩌둥을 주시했다. 손에 담배가 한 개비 들려 있었다. 몇 번 입에 댔지만 불을 붙이지 않고 내려놓기를 반복하더니 생각지도 않았던 질문을 녜룽전에게 던졌다.

"조선반도가 전화에 휩싸이면 제3차 세계대전이 일어날 가능성이 있을지 생각해봐라."

"제3차 세계대전 없다"

중국인들은 기록을 중요시했다. 비밀회의일 경우, 노출을 우려해 기록을 남기지 않는 경우가 허다하지만, 세월이 지나면 참석자들에게 대화 내용을 복원시켜 연보(年譜)나 평전(評傳)을 편찬하는 데 활용한다. 인간의 기억은 한계가 있다. 만물의 영장답게 잘난 척하기 좋아하고, 잘못을 남에게 덮어씌우거나 남의 공을 가로챌 줄 아는 동물이기도 하다. 조작할 줄 알고 조작을 믿는 것도 인간이다. 그러다 보니 '자고무신사'(自古無信史), 즉 역사는 믿을 게 못 된다고들 하지만 꼭 그런 것만도 아니다. 역사의 쓰레기통을 뒤지다 보면 사실에 근접할 수는 있다.

조선노동당과 중국공산당의 교류는 정부수립 선포 뒤에도 전쟁으로 시작됐다. 전쟁을 준비하던 김일성은 마오쩌둥의 동의를 구하라는 스탈린의 말을 한 귀로 흘려버리지 않았다. 베이징에 와서 5일간 머무르며 중공의 속 시원한 대답을 기다렸다. 마오쩌둥은 중공이 대혁명시기라고 부르는 1차 국·공합작과 항일전쟁 시절 조선 혁명가들이 중국 혁명에 세운 공로를 잊지 않았다. 국·공내전 초기 김일성의 도움은 말할 것도 없었다. 병력을 빌려달라는 김일성의 요청을 거절할 명분이 없었다.

마오쩌둥은 의견을 취합하기 위해 고위 회의를 소집했다. 동북의 가오강을 빼고는 한결같이 신중론을 폈다. 참전을 피할 수 없다

김일성과 저우언라이(오른쪽).
연도 미상.

고 생각한 마오쩌둥은 한수 위였다. 김일성이 전쟁을 일으켰을 때 38선을 만든 장본인들인 미국과 소련이 충돌해 제3차 세계대전으로 번질 가능성이 있는지를 숙고했다. 세계대전 발발 가능성을 묻는 마오쩌둥의 질문에 한동안 침묵이 흘렀다. 마오쩌둥이 특정 인물을 지목해 묻지 않았을 때 첫 번째 발언권은 류사오치의 몫이라는 것은 불문율이었다. 류사오치는 양 진영을 대표하는 두 나라가 직접 충돌할 가능성은 없다고 단언했다. 마오쩌둥은 가볍게 고개를 끄덕이며 동조하는 모양새를 취했다. 저우언라이에게 류사오치를 대신해 이유를 구체적으로 설명할 수 있느냐고 물었다. 국제정세를 분석한 저우언라이의 발언은 1세대 중국 사회주의 혁명가들이 미국과 소련에 대해 어떤 인식을 지니고 있었는지를 짐작할 수 있는 대목이기에 그대로 소개한다.

"류사오치의 생각이 정확하다. 나도 동의한다. 미·소 쌍방은 조선반도 문제가 제3차 세계대전으로 확대되길 바라지 않는다. 두 차례의 세계대전은 서구에서 발발했다. 제2차 세계대전 이후에도 미국과 소련의 대치는 유럽을 벗어나지 않았다. 양국은 동독과 서독, 동베를린과 서베를린에 가장 민감한 군사분계선을 설치해놓고 대치 중이다. 언제 폭발할지 모르는 화약고라고 봐도 될 정도로 두 나라는 이곳에 최정예를 투입시켰다. 우리가 간과해서는 안 될 것이 있다. 소련이나 미국 또는 사회주의와 자본주의 진영 모두 제2차 세계대전을 치르며 기력을 소진했다. 회복되려면 시간이 필요하다. 보통 사람이나 정치인 할 것 없이 새로운 세계대전이 일어나기를 바라지 않는다. 문제는 미국이다. 그간 미국은 자신의 전쟁에 대리인을 내세우고 앉아서 어부지리를 취했다. 영국이 나치 독일과 전쟁을 할 때도 한동안 관망하기만 했다. 아주(亞洲, 아시아)가 연일 전쟁의 불구덩이에서 헤어나지 못할 지경에 처했을 때도 무기 생산에만 열을 올리고 전략물자 공급으로 횡재했다. 1941년 12월 7일, 일본 해군이 진주만을 공습하는 바람에 태평양 함대가 거의 무용지물이 되고, 미국민의 애국 열기가 일어나자 그제야 독일과 일본에 선전포고를 하기에 이르렀다. 그나마도 초기 2년간은 유럽과 아주 전선의 제한된 공간에만 병력을 투입하고 무기를 지원했다. 유럽 전선은 소련 적군이 독일군 주력과 싸우게 내버려두고, 아주에서는 중국 군민이 일본군 주력과 싸우기를 재촉했다. 1944년 여름, 영국과 소련 등의 재촉이 있고 나서야 미국은 정식으로 병력을 대량 투입했다. 제2차 세계대전 때 미국이 취했던 행동을 분석해보면, 조선반도에 전쟁이 일어났다고 해서 미국이 제3차 세계대전까지 유발시킬 가능성은 거의 없고, 일으키려고 해도 성사 가능성은 거의 없다."

훗날 주더에게 들었다는 주더 비서의 회고에 따르면 미국의 전쟁관을 한차례 설파한 저우언라이는 목이 탔던지 단숨에 차를 냉수 마시듯이 들이켰다고 한다.

저우언라이는 목을 축이고 숨을 가다듬은 뒤 다시 입을 열었다.

"계속해서 소련에 관한 얘기를 하겠다. 제2차 세계대전 중, 소련은 시종 독일군 주력과 정면으로 힘을 겨뤘다. 희생이 엄청났다. 사상자가 무려 2,500만이었다. 현재 스탈린은 일흔 살의 고령에 접어들었다. 건강은 물론이고 정력도 예전만 못하다고 들었다. 단기간 내에 새로운 세계대전에 끼어들기를 바라지 않는다. 국토가 전쟁터로 변하는 것을 바랄 리도 없다. 미국은 이미 원자탄을 보유했다. 소련은 제작 중이다. 앞서 말했던 것처럼 소련군은 이미 조선반도에서 철수했다. 다시 돌아갈 생각도 없다. 미국 정보기관도 이 점을 분명히 알고 있으리라 믿는다. 조선반도에 전쟁이 발발하면 한 지역에 국한된 국지성 전쟁이 되리라고 확신한다. 김일성 수상은 소련이 공중 지원을 승낙했다고 하지만 나는 회의적이다. 공군을 출동시킨다면 참전이나 다를 바 없다. 이승만 정권이 멸망 위기에 처하면 미국은 일본에 주둔 중인 미군을 참전시킬 것이 분명하다. 그렇게 되면 김일성에게는 불리하다. 스탈린의 의중을 이해하기 힘들다."

인천상륙작전을 예상한 마오

저우언라이의 발언이 끝나자 마오쩌둥은 그제야 만지작거리던 담배에 불을 붙였다. 한차례 박수를 치고 나서 결론을 내렸다.

"하고 싶어서 하는 전쟁은 없다. 어쩔 수 없이 하는 전쟁이 대부분이다. 다들 겪어봐서 알겠지만 앞날을 예측 못 하는 것이 전쟁이다. 원래 국민당의 800만 대군과 싸우려면 이기건 지건 5년에서 7년은 허비해야 한다. 우리는 2년 만에 저들을 와해시키고 섬으로 내쫓았다. 다들 좋은 얘기를 해줬지만 나는 가오강의 분석이 옳다고 생각한다. 미국은 보급선이 길다. 지구의 반 바퀴를 돌아야 전쟁 물자 조달이 가능하다. 우리에게 군대를 빌려달라고 하지만 김일성이 전쟁을 일으키면 참전은 피할 수 없다. 심리적인 준비들을 해라. 미군이 조선반도에 상륙하면 우리도 앉아서 보고 있을 수만은 없다. 상대가 전쟁광이라면 우리는 더 심한 전쟁광이 돼야 한다."

마오쩌둥은 다시 비밀을 엄수하라고 지시했다.

"오늘은 여기까지만 하자. 김일성은 병력을 빌려줄 건지 말 건지, 빌려주게 되면 몇 명을 빌려줄 건지 우리의 답변을 기다리고 있다. 총사령관 주더는 연로하고, 류사오치는 당무(黨務)에 분주하니 나와 저우언라이, 가오강 세 사람에게 일임해주기 바란다."

당 지도부에게 참전을 통보한 것이나 마찬가지였다.

마오쩌둥은 저우언라이, 가오강과 함께 김일성을 두 차례 더 만났다. 김일성은 단숨에 부산과 제주도까지 밀고 내려갈 자신이 있다고 호언장담했다. 마오쩌둥은 충고를 많이 했다.

"전쟁은 무조건 밀고 내려가는 게 능사가 아니다. 군대는 시야에 들어오는 곳에 있어야 한다. 예상도 못 했던 일이 하루아침에 벌어지는 것이 전쟁이다. 항상 만일에 대비해야 한다. 만에 하나 미군이 너희 반도 중부지역 해안에 상륙하면 너희 군대는 허리가 잘린다. 연락이 단절된 군대는 없는 것과 다를 게 없다. 대비를 철저히 해라."

김일성은 파안대소하며 큰소리쳤다.

"그 일은 우리가 연구를 가장 많이 한 부분이다. 현재 일본의 네 개 섬과 오키나와에 주둔 중인 미국의 육해공군은 20여만에 불과하다. 그 정도라면 상륙하자마자 독 안에 든 쥐처럼 두들겨 팰 수 있다. 우리 민족은 반침략의 전통이 강하다. 재차 군대를 보내도 불구덩이에 처넣을 수 있다."

가오강이 "하오"를 연발하자 마오쩌둥이 말했다.

"알았다. 준비가 완벽하고 미국만 출병한다면 우리도 모든 수단을 동원해 반침략 전쟁을 지원하겠다."

저우언라이는 말이 없었다.

마지막 만남은 김일성이 평양으로 돌아가기 직전에 저우언라이의 제의로 마오쩌둥의 서재에서 이뤄졌다. 가오강은 이미 연병(練兵)을 이유로 선양으로 돌아간 뒤였다. 저우언라이가 보고했다.

"가오강 휘하 동북 군구의 조선족 간부와 조선말을 할 줄 아는 한족(漢族) 사병들로 구성한 부대를 만들어 정치공작 교육을 시키겠다."

저우언라이도 참전에 동의한다는 의미로 받아들인 마오쩌둥은 급히 김일성을 불렀다. 그가 이날 만남에서 20여만의 동북변방군을 편성해 국경에 배치하겠다는 말을 김일성에게 했는지는 확실치 않다.

조선족 병사들의 귀국으로 자신감 회복한 김일성

김일성의 특사 김일을 만났을 당시 마오쩌둥은 김일성의 통일 구상을 지지는 했지만, 당장은 비현실적이라며 동의는 하지 않았다. 이유도 분명했다.

"지금 우리 군의 주력들은 남쪽에서 국민당군과 전투 중이다. 미국이 간섭할 경우 신속한 부대 이동이 불가능하다."

6·25전쟁 참전 지원을 독려하는 선전대원들.
중국 전역에서 이런 광경이 허다했다.

그렇지만 "때가 되면 우리 병사들을 보내겠다. 조선인과 중국인은 모두 머리가 검다. 누가 중국인이고 누가 조선인인지 구분이 안 된다"며 애매한 태도를 취했다. 당시 중공은 타이완 문제 해결에 분주할 때였다. 한반도는 마오쩌둥의 관심 밖이었다. 그래도 김일성의 청을 완전히 거절하지는 못했다. 인민해방군 소속 조선족 병사들의 귀국 요청을 군말 없이 동의했다.

4월 18일, 조선족부대 2개 사단이 원산항을 통해 귀국하자 김일성은 전쟁을 결심했다. 실제로 중국 땅에서 북벌전쟁과 항일전쟁, 국·공내전을 치르며 살아남은 조선족 부대는 6·25전쟁 초기 중요한 구실을 한 게 사실이다. 조선족 부대 2개 사단의 귀환으로 자신이 생긴 김일성은 9월 하순, 모스크바를 찾아갔지만 또 거절당하자 다시 중국 지도부 설득에 나섰다. 역시 시원한 대답을 듣지 못했다. 1949년 말까지만 해도 중·소 양국의 태도는 일치했다.

1950년 5월 13일 밤, 김일성이 마오쩌둥에게 스탈린이 전쟁에 동의했다고 해도 마오쩌둥은 믿지 않았다. 오죽 의아했으면 회담을 중지하고 동석한 저우언라이를 베이징 주재 소련대사 로신에게 보낼 정도였다. 심야에 로신의 집무실을 노크한 저우언라이가 방문 이유를 설명하자 로신은 그 자리에서 모스크바에 전문을 보냈다.

"방금 김일성이 중요한 발언을 했다. 중국의 지도부가 의혹을 표시했다. 모스크바 쪽에 사실 여부를 확인하고 싶어 한다."

이튿날인 14일 밤늦게야 모스크바에서 회신이 왔다. 스탈린이 중국 지도부한테 자신의 의중을 처음 표명한 전문이기에 내용을 그대로 소개한다.

"조선 동지와의 회담에서 필리프 동지와 그의 친구들은 국제 정세의 변화를 거울로 삼아 조선인의 통일을 실현하기 위한 건의에 동의했다. 단, 이 문제는 최종적으로 조선과 중국 동지들이 공동으로 해결해야 한다. 만약 중국 동지들이 동의하지 않는다면 토론을 거듭해 해결 방안을 찾도록 해야 한다. 우리와 나눈 자세한 내용은 조선 동지를 통해 듣도록 해라."

전문 중 조선 동지는 김일성, 필리프 동지는 스탈린을 의미했다. 마오쩌둥은 어릴 때부터 남에게 간섭받는 것을 제일 싫어했다. 스탈린의 속내를 읽은 마오쩌둥은 내심 불쾌했지만 현실을 받아들였다. 5월 15일, 다시 김일성을 만난 자리에서 이런저런 충고를 했다.

"속전속결로 끝내라. 대도시를 탐하지 마라. 적의 생산력부터 저하시켜야 한다. 공장 지역을 집중적으로 타격해라. 미국이 참전한다면 우리도 군대를 보내겠다. 일단 국경 지대에 병력을 배치하겠다."

김일성도 마오쩌둥 못지않게 자존심이 강하고 간섭받기를 싫어했다. 마오쩌둥이 자신의 계획에 동의하고 지지를 확실히 하자 자신이 생겼던지 마오쩌둥을 안심시켰다.

"모든 요구에 대해 모스크바 쪽으로부터 만족할 만한 답변을 얻었다. 우리 힘으로 모든 문제를 해결하겠다. 중국의 원조 제공도 바라지 않는다. 지지 하나로 족하다."

전쟁 발발 전, 소련이 지원하는 무기를 수송하는 데 해로를 이용했다. 중국 철도를 이용하지 않은 이유는 단 하나, 준비 상황을 중국 쪽에 알리고 싶지 않았기 때문이다. 어릴 때부터 중국에서 잔뼈가 굵은 김일성은 중국인을 누구보다 잘 알았다. 전쟁을 계기로 중국이 간섭이라도 할까봐 우려했다. 젊은 시절 만주 벌판에서 중국의 도움 없이 일본과 무장투쟁을 벌이고 국·공내전 시절 중공 쪽에 무조건 지원을 아끼지 않은 사람의 자존심이라고밖에는 설명할 방법이 없다.

자존심 싸움을 하면서도 사령관을 물색하는 마오쩌둥

1950년 6월 25일 새벽, 인류가 20세기 1950년대에 들어선 이후 가장 큰 사건이 한반도에서 발발했다. 소련제 T-34 탱크로 무장한 탱크여단을 앞세운 북한군 2만 8,000명이 38선을 넘었다. 선봉은 항일전쟁을 치른 노전사가 대부분이었다. 중국의 항일전쟁과 국·공내전에 참전했던 조선족 사병과 신병은 거의가 노동자와 농민 또는 그 자제들이었다. "해질 무렵, 말로만 듣던 서울의 종로 거리를 거닐고 싶다"던 이들은 병력이 많지는 않았지만 전투 수준은 실전 경험이 없는 한국군에 비할 바가 아니었다.

김일성은 중국을 무시하고 불신했다. 6월 25일 남침 시작을 중국 쪽에 알리지 않았다. 마오쩌둥은 6월 25일 한반도에 전쟁이 터졌다는 소식을 프랑스 AFP통신을 인용한 외국 신문을 보고 처음 알았다. 김일성은 서울을 점령한 뒤에야 장교 한 사람을 보내 중국 쪽에 정식으로 통보할 정도였다. 중국 지도부도 무심해 보이기는 마찬가지였다. 한반도에 전쟁이 일어나건 말건 토지개혁법을 반포하고 전국적인 대규모 군중운동에만 몰두했다. 유엔 안전보장이사회에서 소련 대표가 거부권 행사를 포기하자 마오쩌둥이 주먹으로

마오쩌둥은 6·25전쟁에 참전할 경우
런비스를 지원군 사령관에 임명할 생각이었다.
1949년 겨울, 모스크바에서 요양 중인
런비스(왼쪽)를 방문한 저우언라이.

탁자를 치며 "무책임한 사람"이라며 스탈린을 원망하고, 6월 28일, 저우언라이가 외교부장 명의로 "미군이 조선과 타이완해협을 넘볼 경우 좌시하지 않겠다"는 성명을 낸 게 고작이었다.

마오쩌둥은 자타가 공인하는 철저한 공산주의자였다. 항상 그래 왔듯이 겉으로는 평화를 주장하지만 뒤로는 전쟁을 준비하는 무력의 신봉자였다. 7월 7일, 중앙군사위원회 부주석을 겸한 저우언라이에게 국방회의를 소집하라고 지시했다.

저우언라이가 주재하고 주더, 녜룽전, 린뱌오, 리리싼과 해군 사령관 샤오징광(蕭勁光) 등이 참석한 국방회의는 동북변방군 설립을 의결했다. 4개 군단과 3개 포병사단을 비롯해 공병단과 고사포 부대로 구성된 25만 5,000명의 병력을 동북의 단둥(丹東), 랴오양(遼陽), 통화(通化) 등에 배치했다.

"미군이 참전하면 북한은 오래가지 못하고 우리의 국경선이 위험해진다. 그때는 변방군을 투입해야 한다. 지원군 복장으로 갈아입히고 지원군 깃발을 내걸면 된다."

저우언라이에게서 회의 기록을 건네받은 마오쩌둥은 즉석에서 동의하며 빨리 실행하라고 재촉했다. 백만 대군도 지휘는 한 사람이 하는 법, 마오쩌둥은 65만의 병력을 거느리고 타이완 공격을 준비 중이던 쑤위(粟裕)를 동북변방군 사령관 겸 정치위원에 임명했다. 부사령관과 부정치위원은 동북 국·공내전 초기 북한과 인연을 맺었던 샤오징광과 샤오화(蕭華)가 적격이었다. 당시 쑤위는 환자였다. 항일전쟁 시절 머리에 박힌 파편 때문에 현기증으로 몸을 가누지 못하는 경우가 빈번했다. 쑤위의 병세를 우려하던 저우언라이는 총참모장 녜룽전과 함께 마오쩌둥에게 보고서를 제출했다.

"동북변방군은 허난과 광둥 일대에 주둔하던 병력입니다. 혼란이 우려됩니다. 쑤위의 병세가 호전될 때까지 동북과 조선 사정에 밝은 동북 군구 사령관 가오강의 지휘하에 뒀다가 쑤위와 샤오징광이 부임하도록 하는 것이 순리입니다."

마오쩌둥은 두 사람의 의견을 일부 받아들였다. 쑤위에게 동북의 칭다오에 가서 양병(養病)하라는 서신을 발송하고 샤오징광에게는 가오강과 함께 6·25전쟁 참전을 준비하라고 지시했다.

칭다오로 이전한 쑤위의 병세는 호전될 기미가 보이지 않았다. 마오쩌둥은 새로운 사령관을 물색했다. 중국 공청단(공산주의청년단)의 설립자 런비스, 국·공내전 최대의 공로자이며 작전의 귀재인 린뱌오, 덩샤오핑을 놓고 저울질했다. 런비스의 건강은 쑤위보다 문제가 더 많았고 덩샤오핑은 장제스의 잔여 부대와 전쟁 중이라 전선을 떠날 수 없었다. 남은 사람은 린뱌오밖에 없었다. 펑더화이는 염두에 두지도 않았다.

책 많이 읽은 린뱌오의 남다른 통찰력

6·25전쟁 참전을 계기로 북·중 관계는 한동안 악화됐다. 돈독해지기는커녕, 중국은 3년간 평양에 대사를 파견하지 않을 정도였다. 전쟁 기간에 펑더화이와 김일성의 관계도 원만치 못했다. 중공군의 참전 과정도 『삼국연의』(三國演義)의 한 장면처럼 복잡했다.

6·25전쟁에서 중공군을 지휘한 펑더화이는 원래 사령관 후보로 검토되지 않았다. 첫 번째 동북변방군 사령관 대상자였던 쑤위

의 건강을 주시하던 마오쩌둥은 린뱌오를 동북에 보내기로 작정했다. 그 누구도 무시할 수 없는 자력으로 지위를 꿰찬 사람이다 보니 명령 한마디로 해결될 문제가 아니었다. 우선 우한에 있던 린뱌오에게 "신체검사를 받으라"며 베이징으로 호출했다. 1950년 9월 초, 베이징에 도착한 린뱌오는 마오쩌둥과 저우언라이를 만난 자리에서 참전 반대를 분명히 했다. 세 사람이 나눴다는 대화가 모든 기록마다 거의 일치하기에 소개한다.

오랜만에 린뱌오를 만난 마오쩌둥은 잡은 손을 놓지 않았다.

"안색이 창백하다. 신체검사를 받아라. 전문가의 평가가 중요하다."

린뱌오는 평소 남과 악수하기를 싫어했다. 세수는 가끔 하고, 목욕은 전혀 안 했지만 결벽증이 심했다. 결례가 되지 않을 정도로 천천히 손을 뺀 뒤 엉덩이에 손을 문지르고 나서 입을 열었다.

"주석의 관심에 감사한다. 전문가라는 사람들의 말을 안 믿은 지 오래다. 그간 죽지 않은 게 별일이다. 이젠 살아도 그만이고 죽어도 그만이다. 아프지만 않았으면 좋겠다."

배석한 저우언라이에게는 눈길도 주지 않았다. 마오쩌둥과 저우언라이가 맞는 말이라며 웃어도 입술만 가볍게 움직일 뿐 표정을 바꾸지 않았다. 마오쩌둥이 본론을 꺼냈다.

"조선반도에 전쟁이 벌어진 지 2개월이 지났다. 네 생각이 어떤지 듣고 싶다."

린뱌오의 반응은 시큰둥했다.

전쟁 기간 김일성과 중국군 지휘부는 갈등이 많았다.
김일성은 중국에서 대규모 위문단이 왔을 때도
사진에서 보는 것처럼 최용건(崔庸健, 앞줄 왼쪽 여섯째)을
대신 보내고 거의 모습을 드러내지 않았다.

"좀 창피하지만 깊이 생각해보지 않았다."

린뱌오의 태도가 마오쩌둥의 심기를 건드릴까봐 우려한 저우언라이가 황급히 끼어들었다.

"주석은 전쟁에 관한 너의 견해를 중요시해왔다. 조선전쟁도 진작부터 네 의견을 듣고 싶어 했다."

마오쩌둥도 저우언라이를 거들었다.

"오랫동안 『손자병법』을 연구했다고 들었다. 나도 『손자병법』을 좋아한다. 백 번 읽어도 지루하지 않고, 읽을 때마다 새롭다. 김일성이 『손자병법』을 읽었는지 궁금하다."

린뱌오는 이마에 난 땀을 닦고 말문을 열었다.

"조선의 전황은 북군이 승리하고 남군은 밀리는 형국이다. 북군에게 유리해 보이지만 실상은 아주 위험하다. 치명타를 입을 날이 멀지 않았다."

마오쩌둥이 계속하라고 손짓을 했다.

"현재 북군의 주력은 남방의 낙동강 일대에 집결해 있다. 반도의 중부와 북부가 텅 비어 있다. 보급선이 너무 길다. 미군이 반도의 중부에 상륙하면 북군의 주력은 남부에 고립된다. 돌아올 방법이 없다."

연합군의 전력에 관해서도 린뱌오는 책을 읽는 사람처럼 막힘이 없었다. 역시 린뱌오였다. 숫자까지 열거하며 전황을 분석했다. 마오쩌둥이 "미군이 조선반도에 상륙한다면 언제쯤 어느 곳에 대규모로 상륙할 것 같으냐"고 물었을 때도 주저하지 않았다.

"내가 맥아더(Douglas MacArthur)라면 이달을 넘기지 않겠다.

지점은 서울 인근의 인천이 가장 적합하다. 내가 할 말은 아니지만, 주석이 허락하면 감히 한마디 하겠다. 만에 하나, 우리 부대를 파견한다면 38선 부근까지만 갔다가 철수해야 한다. 북조선 쪽에서 바라건 바라지 않건, 그건 염두에 둘 필요가 없다. 그다음부터는 북조선 쪽에서 해결할 문제다."

마오쩌둥과 저우언라이는 경악했다. 전황과 적의 정황을 언제부터 상세히 파악했는지를 물었다.

"금년 봄부터 중남 군구에 외국 군사정보 자료실을 만들어 영어·러시아어·프랑스어·독일어·일본어에 능한 인재들을 양성했다. 매일 외국 방송을 청취하고, 일주일에 두 번씩 어부로 가장시킨 정보원들을 어선에 태워 홍콩과 마카오로 파견했다. 이들이 구해온 신문과 잡지, 미국·영국·프랑스에서 발간한 군사 관련서적을 읽으며 조선반도의 상황을 분석했다. 나는 김일성의 성격을 잘 안다. 우리가 승리할 기미를 보이자 김일성도 무력통일을 구상했다."

마오쩌둥이 황급히 물었다.

"의견을 더 듣고 싶다. 만약 미군이 인천이나 다른 지역에 상륙한다면 조선인민군은 패할 것이 분명하다. 38선 이북으로 퇴각해 압록강변까지 다다르면 우리가 어떻게 하는 게 좋을지 생각해봤나?"

린뱌오는 단호했다.

"우리가 수용함이 마땅하다. 동북전쟁 시절, 우리가 국민당군에게 밀려 압록강변에서 발을 구를 때 조선은 우리를 받아줬다. 단, 미군이 우리 동북 경내를 타격하지 않는다면, 우리도 경솔하게 출전할 필요가 없다. 우리나라는 성립된 지 1년도 채 안 된다. 해결해야 할 일이 산적해 있다. 엉덩이에 땀 마를 겨를이 없을 정도다. 이 웃집 일에 간섭할 형편이 못 된다. 게다가 공군도 없고 해군도 없 다. 제공권과 제해권을 장악한 사람들과 기껏해야 기관총 정도로 맞서는 것은 불가능하다. 그러나 조선인민군을 추격한 미군이 동 북에 진입했을 경우는 얘기가 달라진다. 그때는 내가 직접 나서서 전쟁을 치르겠다. 우리 땅에 남의 나라 군대가 들어오는 것은 단 한 명이라도 용납할 수 없다."

린뱌오의 말은 참전 거부나 마찬가지였다. 마오쩌둥과 저우언라 이는 할 말을 잃었다. 머리를 수그린 채 밥만 먹었다.

"미 제국주의가 숨통을 조이기 전에 선수를 쳐야 한다"

린뱌오의 예상은 적중했다. 9월 15일 새벽, 한·미 연합군이 인천 에 상륙하자 전세가 역전됐다. 19일 심야, 마오쩌둥은 자신의 거처 인 중난하이 쥐샹수우(菊香書屋)에서 긴급회의를 열었다. 다섯 명 의 서기와 총참모장 외에 중앙군사위원회 작전국장 리타오(李濤) 가 참석한 회의에서 마오쩌둥은 견해를 분명히 했다.

"조선 사태를 더 이상 지연시킬 수 없다. 1개월 내에 전화(戰火) 가 압록강변에 이를 것이 분명하다. 그렇게 되면 동북의 국경지대 가 무사하리라고 아무도 장담 못 한다."

저우언라이는 "남에게 먼저 얻어맞는 것보다 우리가 먼저 때리 는 게 유리하다. 어차피 피할 수 없는 전쟁이다. 미 제국주의가 우 리의 숨통을 조이기 전에 선수를 쳐야 한다"며 마오쩌둥의 의견을 지지했다.

펑더화이(왼쪽)와 류사오치.
국가주석 류사오치는 가급적이면
6·25전쟁 참전 여부결정에
끼어들려고 하지 않았다.

주더는 신중론을 폈다.

"동북변방군이 병력을 확충하려면 시간이 필요하다. 10월 말까지 기다려보자."

류사오치도 마찬가지 의견이었다.

"미국을 주축으로 한 연합국 파견군이 동북을 침범하기도 전에 참전하는 것은 불구덩이에 제 발로 뛰어드는 것과 같다. 지금 우리는 해야 할 일이 많다. 우리를 공고히 한 후에 우방을 지지하자."

런비스는 소련을 원망했다.

"소련은 조선 문제를 좌시할 뿐 관여하려 하지 않는다. 소련의 육군과 공군 현대화는 미군과 쌍벽을 이룬다. 우리는 육군이 고작이다. 공군과 해군은 허울뿐이다. 소련은 공군을 지원한다고 했지만 하늘에서 소련 비행기의 흔적을 찾기 힘들다."

반대에 직면한 마오쩌둥은 날이 밝으면 군사위원회 확대회의를 열라고 지시했다.

9월 20일 오후, 중난하이 화이런탕의 중형 회의실에 각 군구 사령관과 정치위원 26명이 자리를 함께했다. 동북의 가오강은 불참했고, 서북의 펑더화이는 바쁘다는 이유로 정치위원 시중쉰(習仲勛, 시진핑의 아버지)을 대신 참석시켰다. 마오쩌둥이 개회사 비슷한 것을 했다.

"동한(東漢) 말년 천대대란이 발생했다. 난양(南陽)의 제갈량은 혼자 힘으로 천하를 삼분(삼족정립, 三足鼎立)했다. 지금 수십 명의 제갈량이 한자리에 모였다. 동방을 붉은색으로 물들일 방법들을 강구해보자."

저우언라이가 뒤를 이었다.

"지금은 삼족정립이 아닌 양족정립(兩足鼎立)의 시대다. 동방의 사회진영을 대표하는 소련과 서방 자본주의 진영을 대표하는 미국, 이 두 다리(足)가 세계를 지탱하고 있다."

류사오치도 끼어들었다.

"사회주의 진영에도 소련과 중국, 두 다리가 있다."

한차례 덕담이 끝나자 마오쩌둥이 본론을 꺼냈다. 6·25전쟁 참전을 통보한 거나 같은 발언이기에 소개한다.

"지난 4월, 김일성 동지가 다녀간 이후 조선 문제를 놓고 회의를 거듭했다. 군사위원회의 보고대로 인천에 상륙한 연합국 파견군의 서울 점령이 임박했다. 지금쯤 서울에 입성했을지도 모른다. 평양 진입도 멀지 않았다. 전화가 우리 문턱에 다가왔다고 볼 정도로 사태가 심각하다. 미국은 종이호랑이다. 도처에 파병하기를 좋아한다. 우리에게도 싸움을 걸어왔다. 나는 먼저 싸움을 걸어본 적이 없지만, 남이 거는 싸움을 피해본 적도 없다. 어제 중앙서기처회의를 열었다. 참석자들의 주장은 나와 달랐다. 젊은 시절부터 나는 항상 소수파였다. 소련의 볼셰비키도 소수파였지만 결국 승리했다."

발언을 마친 마오쩌둥은 회의장을 떠났다. 저우언라이가 따라나오자 펑더화이에게 전용기를 보내라고 지시했다.

"아무 준비 없이 치러야 할 전투를 승리로 이끌 사람은 전군에 펑더화이를 능가할 자가 없다."

김일성에게 환영받지 못한 펑더화이

중국의 6·25전쟁 참전 이후 북·중 관계는 냉탕과 온탕을 수없이 오갔다. 전쟁 기간에도 양쪽의 관계는 원만치 못했다. 심지어 펑더화이와 김일성이 주먹질 일보 직전까지 갈 정도였다. 원인은 북한의 냉대였다.

1950년 10월 19일 오전 9시 무렵, 펑더화이의 전용기가 선양 공항에 도착했다. 펑더화이는 대기하던 동북 군구 사령관 가오강의 인사도 받는 둥 마는 둥 군구 사령부로 직행했다. 한반도 지도를 펴놓고 부서 배치를 마친 뒤 가오강과 함께 단둥행 비행기에 올랐다. 전쟁 기간 펑더화이의 운전병이었던 류샹(劉祥)은 펑더화이의 첫인상을 평생 잊지 못했다.

"전날 밤, 단둥 공항에 가서 대기하라는 명령을 받았다. 낯선 비행기 두 대가 전투기 네 대의 호위를 받으며 상공에 모습을 드러냈다. 수십 명에게 에워싸인, 수장으로 보이는 사람이 경호원과 함께 내 차에 올라탔다. 엄숙하고 흉악한 표정이었지만 위풍당당해 보였다. 굉장히 높은 관리라는 느낌이 들었다. 다들 그 앞에서 절절맸다. 눈이 충혈되고 만면에 피로한 기색이 역력했다."

그날따라 압록강을 사이에 둔 국경도시 단둥의 하늘은 먹구름이 잔뜩 끼어 있었다. 새벽부터 내리기 시작한 보슬비가 그칠 줄 몰랐

1954년 9월 말 베이징에서 열린
중화인민공화국 건국 5주년 기념행사에 참석한
중국, 북한, 소련의 최고지도자들.
저우언라이(앞줄 왼쪽 셋째)와 주더 사이에 서 있는
김일성의 표정이 당시 중국과 소련의 관계를 말해주는 듯하다.
중국 국가주석 류사오치(앞줄 왼쪽 일곱째)와
마오쩌둥 사이가 소련의 흐루쇼프.

다. 등화관제가 실시된 강변에 군인과 차량이 가득했다. 강 건너 신의주 쪽에서 터지는 포탄 소리가 은은했다. 가끔 조명탄이 강물을 붉게 물들였다.

압록강 대교 인근에서 간단한 의식이 열렸다. 펑더화이의 보좌관이었던 양펑안(楊鳳安)도 구술을 남겼다.

"덩화, 훙쉐즈(洪學智), 한셴추(韓先楚), 두핑(杜平) 등 역전의 맹장들과 악수를 나눈 펑더화이는 나와 경호원 두 명을 데리고 부교를 건넜다. 통신처장이 황급히 무전병과 함께 뒤를 따랐다. 대부대가 조선 땅에 들어오기 전에 김일성을 만나기 위해서였지만 우리는 적의 동태를 전혀 모르고 있었다. 모험이라는 것 외에는 달리 표현할 말이 없었다."

압록강을 건넌 펑더화이는 그 누구의 마중도 받지 못했다. 보좌관 양펑안이 사람이 올 때까지 잠시 쉬자고 하자 고개를 흔들었다.

"지형과 적의 동향을 모르는 상황에서 내가 길 안내자 한 사람 없이 남의 나라 전쟁터에 들어왔구나! 수십 년간 전쟁터만 돌아다녔지만 오늘 같은 날은 처음이다. 김일성과 맥아더, 이승만이라는 이름 외에는 아는 게 하나도 없다. 맥아더에 관한 책을 두 권 읽어봤다. 어떤 사람인지 대충 알 것 같다. 가다 보면 사람을 만나겠지."

펑더화이는 몇 시간이 지나서야 김일성과 연락이 됐다. 부랴부
랴 달려온 박헌영(朴憲永)의 안내로 김일성과 대면했다. 펑더화이
는 김일성이라면 고개를 절레절레 내저었다. 김일성은 펑더화이의
사령부를 거의 방문하지 않았다. 정확한 기록은 없지만 두 번이 고
작이었다고 한다. 그것도 말 몇 마디 나누고는 훌쩍 떠나버렸다.

서울을 점령한 중국인민지원군이 더 이상 남하를 거부하고 철
수를 결정했을 때는 김일성이 펑더화이의 집무실에 달려와 멱살을
잡고 집기를 때려부수며 온갖 욕설을 퍼부어댔다. 서로 권총을 빼
들기 일보 직전에 참모들이 달려와 말리지 않았더라면 무슨 해괴
한 일이 벌어졌을지 모를 정도였다. 저우언라이의 수양딸인 쑨웨
이스의 남편 진산이 자신의 여비서를 건드렸다며 총살시키겠다고
펑더화이를 난처하게 한 적도 있었다. 오죽했으면 펑더화이가 저
우언라이에게 "진산의 목을 김일성에게 내주자. 김일성의 화를 가
라앉힐 방법은 그것밖에 없다. 설마 죽이기야 하겠느냐"는 편지를
보낼 정도였다.

"김일성은 스탈린과 다를 게 없다"

1951년 10월 23일, 북한 최고인민회의 상임위원회가 중국지원
군 참전 1주년을 기념하는 성명서를 발표했다.

"중국인민지원군 총사령관 펑더화이 장군에게 1급 국기훈장을
수여하기로 결정했다. 장군은 탁월한 지휘예술로 미국 침략자들에
게 거의 전멸할 정도의 타격을 입혔고, 조선인민군에게 막대한 도
움을 주었다."

김일성이 자신을 싫어하는 것을 뻔히 아는 펑더화이는 무슨 영문인지 불안했다. 훈장받을 만한 공을 세운 적이 없다며 한마디로 거절했다.

"나는 훈장을 받기에 적합한 사람이 아니다. 후방에서 탄약과 물자를 공급해준 가오강이 제일 큰 공로자다. 두 번째가 홍쉐즈다. 두 사람이 후방에서 무기와 식량을 비롯한 물자를 원활하게 공급해주지 않았다면 우리의 전쟁은 불가능했다. 두 사람에게 훈장이 돌아가야 한다."

상황을 접한 중국 중앙군사위원회는 "훈장을 받는 것이 좋다"는 전문을 보냈다. 전문을 받고 펑더화이는 하는 수 없이 수락은 했지만, 그래도 찜찜해했다.

전쟁이 끝난 뒤에도 김일성은 불편한 심기를 숨기지 않았다. 평양에 전쟁전람관을 만들면서 중국인민지원군에 관한 내용은 거의 무시해버렸다. 12개의 전람실 중 11개가 조선인민군의 업적으로 가득한 반면, 중국인민지원군의 공적은 전람실 1개만 배려했다.

중국 정부도 북한의 행동에 불만이 많았다. 외부에 발표는 하지 않았지만 평양 주재 대사직을 3년간 공석으로 내버려뒀다. 저우언라이도 섭섭함을 드러냈다. 베이징 주재 북한대사관이 초대한 만찬에 참석은 해도 북한 주재원들과 말 한마디 나누지 않았다. 귀갓길에 불편을 토로했다.

"그간 우리는 정말 한다고 했다. 조선의 산수와 초목을 아끼고 사랑하라는 마오 주석의 지시에 따라 조국과 매한가지로 파괴된 조선을 회복시키는 데 열정을 다했다. 그래도 저 사람들은 우리를

244

믿지 않고 감격해하는 기색이 전혀 없다."

저우언라이는 틀린 말을 하지 않았다. 중국은 정전 3개월 뒤부터 북한의 전후 복구와 건설에 집중했다. 철도를 복구시키고 크고 작은 교량 1,300여 개를 새로 만들거나 원래의 모습을 되찾게 했다. 평양은 물론이고 함흥, 원산 등에 대규모 공병대를 투입해 전쟁으로 파괴된 도시를 새롭게 변모시켰다. 1958년 철수할 때까지 북한 재건에 참여한 연인원만 1,000만 명이 넘는다고 중국 쪽은 기록했다. 펑더화이의 후임으로 지원군 사령관을 역임한 양융(楊勇)의 보고서가 눈길을 끈다.

"참전 이후 8년간 조선 인민들을 위해 공공건물 881채와 주택 4만 5,000여 채를 우리 손으로 직접 지었다. 제방 4,000여 개와 댐 건설도 지원군이 나서서 추진했다. 심은 나무가 3,600여만 그루에 달하고 인분 1,300여만 톤을 우리가 직접 밭에 뿌리는 바람에 지원군 병사들 근처에만 가도 똥 냄새가 코를 찔렀다. 지원군 병사들은 조선 형제들을 위해 의식주도 절약했다. 양식 2,100여만 근(斤)과 의류 59만 점을 주둔지 인근 주민들에게 제공해 이들을 재난에서 구했다. 전투가 치열했던 지역의 주민들은 전쟁이 끝난 뒤에도 살 곳이 마땅치 않았다. 이들에게 집을 지어주고 인근에 매설된 지뢰를 제거하느라 우리 병사들은 하루도 쉴 틈이 없었다."

중국인민지원군에게 의지한 북한 재건은 생각지도 않았던 결과

1958년 9월, 중국인민지원군은
북한에서 완전히 철수했다.
부총참모장 겸 베이징 군구 사령관 부임을 앞둔
지원군 총사령관 양융의 송별식에 참석한 김일성(오른쪽).

를 초래했다. 조선노동당 내의 일부 간부 중에서 소련과 중국 주도의 전후 복구를 비판하는 세력이 고개를 들 조짐이 보였다. 김일성은 자신의 지위에 불안을 느꼈다. 1956년, 소련공산당이 스탈린의 개인숭배를 비판한 다음부터 김일성 비판은 하루가 다를 정도로 확산되기 시작했다. 위기를 느낀 김일성은 고위층 간부들에게 칼날을 세웠다. 중국과 가까운 연안파(延安派)부터 손을 댔다. 마오쩌둥도 북한의 옛 동지들이 체포되거나 당에서 쫓겨나자 직접 김일성을 비난했다.

"스탈린과 다를 게 없다. 귀에 거슬리는 말을 단 한마디도 듣기 싫어한다. 상대가 누구건 반대만 하면 무조건 죽여 없애려 한다."

이어서 펑더화이를 평양에 파견했다.

연안파 숙청과 지원군 철군 문제로 북·중 관계는 급랭했다. 미코얀(Anastas Mikoyan)과 함께 평양으로 간 펑더화이는 '마오쩌둥의 뜻'이라며 연안파를 숙청한다는 조선노동당의 결의안을 취소하라고 김일성을 압박했다. 김일성은 조건을 달았다.

"지원군을 철수해라. 수십만 군대가 우리 땅에 머무는 것을 더 이상 바라지 않는다."

마오쩌둥은 김일성의 철군 요구에 동의하지 않았다. 잘못을 인정하라며 김일성을 몰아붙였다. 베이징 주재 소련대사를 만난 자리에서도 김일성을 티토(Josip Tito)와 히틀러(Adolf Hitler)에 비유하며 호되게 매도했다.

"김일성이 지원군 철수를 요구한다. 그 사람은 티토의 길을 가려고 한다. 나치의 길을 갈 가능성도 크다."

당시는 중·소 밀월기였다. 소련도 "중국인민지원군이 조선에 계속 주둔하는 것이 조선 인민과 모든 사회주의 진영의 이익에 도움이 된다"며 중국인민지원군이 북한에 계속 주둔하는 것을 지지했다. 6·25전쟁 정전 이후 중국인민지원군은 철수를 주저했다. 1954년 7개 사단이 철수하고, 1955년 3월 6개 사단이 북한을 떠났다. 1956년 4월, 북·중 관계가 심각해졌을 때도 44만의 지원군이 북한에 주둔하고 있었다. 완전히 철수하기까지는 2년이 더 걸렸다.

형제들의 우애는 아직도 진행 중인가

"우정이 첫 번째고 오해는 그다음이다.
누가 뭐래도 우리는 한집안이나 마찬가지다."

영향력 넓히려 뭐든지 내주는 마오쩌둥

1950년대 중반, 중국은 북한의 요구를 거의 들어주지 않았다. 북·중 관계는 거의 파멸 상태였다. 그 증거가 여러 곳에서 드러난다. 1956년 가을, 북한은 중국에 5,000만 위안가량의 무상원조를 요구했다. 중국은 한마디로 거절했다. 이듬해에 열린 무역담판에서도 중국은 북한을 만족시켜주지 않았다. 북한이 요청한 20만 톤가량의 양식 지원 요청을 9만 톤으로 깎아내렸다. 북한의 요청은 끈질겼다. 중국은 15만 톤 이상은 불가능하다며 선을 그었다. 중국의 5개년 계획을 배우기 위해 대표단을 파견하겠다는 김일성의 요청에도 중국은 한 달 동안 확답을 주지 않았다. 북한이 소련 쪽에 중국의 태도를 비난하자 중국도 불편한 심기를 숨기지 않았다. 평양 주재 중국대사는 조선노동당 간부들의 면담 요청은 물론이고 전화조차 받으려 하지 않았다.

1957년 하반기부터 완화의 기미가 보이기 시작했다. 원인은 중국의 경제 성장이었다. 자신이 생긴 마오쩌둥은 소련공산당이 독점해온 국제 공산주의 운동의 영도권을 같이 행사하려 하기 시작

1957년 11월 2일, 러시아 혁명 40주년 기념식에 참석하기 위해
대표단을 이끌고 모스크바를 방문한 마오쩌둥(오른쪽 둘째).
쑹칭링(宋慶齡, 왼쪽 셋째)과 덩샤오핑(왼쪽 첫째)도 보인다.

했다. 마오쩌둥은 영향력을 강화하기 위해 김일성을 지지했다. 그간 김일성이 취했던 반대자 탄압을 옹호하기 시작했다. 당시 동북에는 북한에서 몸을 피해온 연안파 출신들이 많았다. 전 평양시위원회 조직부장 김충식이 조선 땅에서 더 이상 못 살겠다며 창춘으로 이주했다. 지린 성 서기였던 동북항일연군 출신 푸전성(富振聲)은 김충식과 가까운 사이였다. 하루는 김충식을 만나 조심스럽게 입을 열었다.

"네가 조선에서 우리나라로 이주한 것은 합법적이고 정상적인 행위가 아니다. 그간 우리는 간간이 너의 귀국을 종용했다. 네가 귀국을 원하지 않으면 우리는 너의 중국 체류를 막지는 않겠지만 조건이 있다. 중국은 조선의 내부 문제에 간섭할 의향이 전혀 없다. 중국에 체류하는 동안 무슨 이유건 조선인이나 조선족과의 접촉을 피해주기 바란다. 서신 왕래나 전화 통화도 마찬가지다."

김충식이 중공 중앙의 지시냐고 묻자 푸전성은 고개를 끄덕였다. 1957년 11월 2일, 마오쩌둥이 소련의 10월혁명 40돌 기념행사에 참석하기 위해 모스크바를 방문했다. 쑹칭링, 펑더화이, 덩샤오핑 등 대표단을 이끌고 온 마오쩌둥은 모스크바대학 강당에 중국 유학생들을 모아놓고 "서풍(西風)이 동풍(東風)을 압도하던 시대는 끝났다. 동풍이 서풍을 압도하는 시대가 도래했다"며 기염을 토했다. 소련에 와 있던 김일성과도 두 차례 만났다. "1년 전에 있었던 내정간섭은 우리의 착오였다. 중국으로 도망온 연안파 출신 간부들의 사면과 귀국을 허락해달라"고 건의했다. 김일성의 반응은 단호했다.

"이미 조선에는 필요 없는 사람들이다. 아무짝에도 쓸모가 없다."

마오쩌둥도 확답을 줬다.

"중국은 무슨 일이 있더라도 이들을 내세워 조선을 반대하지 않겠다."

귀국한 김일성은 맘 놓고 최창익(崔昌益), 윤공흠(尹公欽), 박창옥(朴昌玉), 서휘(徐輝) 등 연안파와 소련파 간부들을 숙청했다. 죄목도 '반당 종파분자'로 간단했다. 중국 쪽에선 아무 반응도 없었다. 중국의 북한 지원이 활기를 띠기 시작했다. 베이징 주재 북한대사관 만찬에 마오쩌둥을 비롯한 중공 중앙상무위원들이 참석하고 평양 주재 중국대사관에도 조선노동당 고위 간부들의 출입이 잇따랐다. 중국은 북·중 우호관계를 전 세계에 과시할 필요가 있었다.

1958년 11월 9일, 베이징의 북한대사관에서 열린 연회에 참석한 저우언라이가 북한대사 이영호와 뭔가 귓속말을 나눴다. 만면에 화기가 돈 이영호는 날이 밝기가 무섭게 평양으로 달려갔다. 1958년 11월 22일부터 12월 9일까지 계속된 김일성의 두 번째 중국 공식방문은 화려했다. 중국은 저우언라이, 펑더화이, 허룽, 천이(陳毅)를 비롯해 리지선(李濟深), 궈모뤄(郭沫若) 등 민주인사들까지 총동원해 베이징 역에서 김일성 일행을 맞이했다. 저우언라이와 함께 무개차를 타고 연도에 늘어선 30만 인파의 환영을 받으며 숙소에 도착한 김일성의 심정이 어땠을지는 가늠할 길이 없다.

김광협(金光俠)이 인솔하는 조선군사대표단도 김일성과 같은 열차로 베이징에 도착했다. 이들은 당 부주석 주더의 영접을 받았다. 평소 보기 힘들던 중국의 흑막 리커눙(李克農)도 이날만은 모습을 드러냈다. 그날 밤, 저우언라이가 베푼 만찬에서 김일성은 대취했다.

이틀 뒤, 베이징 체육관에서 환영대회가 열렸다. 중공 건국 이래 최대 규모의 행사라고 해도 과언이 아닐 정도였다. 펑더화이는 김광협과 함께 비엔나 가무단 공연을 관람했다. 당시 마오쩌둥은 우한에 있었다. 저우언라이와 허룽의 안내로 우한에 도착한 김일성과 김광협은 공항에서 대기 중인 류사오치, 천윈, 덩샤오핑, 리셴녠(李先念)의 영접을 받았다. 10여 년 전, 가장 어려웠던 시절에 동북에서 김일성의 도움을 받았던 천윈은 포옹을 풀려 하지 않았다.

마오쩌둥을 만난 김일성은 사정을 늘어놨다. 원자재 부족을 푸념하며 면화(綿花)를 지원해달라고 요구했다. 마오쩌둥은 손바닥으로 탁자를 치며 큰소리쳤다.

"우리 형제들이 추위에 떨면 안 된다. 필요한 양을 말해라. 뭐든지 다 보내주겠다."

배석했던 저우언라이가 김일성을 거들었다.

"조선은 석탄도 부족합니다. 100만 톤을 지원하겠다고 이미 말했습니다."

마오쩌둥은 잘했다며 저우언라이를 칭찬했다. 당시 중국은 600만 톤가량의 석탄이 부족할 때였다. 김일성은 중국도 풍부하지 않은 것들만 요구했다. 그래도 마오쩌둥은 모두 승낙했다. 중국인민지원군이 북한에 남기고 온 1억 8,000만 위안 상당의 물자도 무상으로 북한 쪽에 이양하겠다며 김일성을 만족시켰다. 김일성도 듣기

마오쩌둥과 회담하기 직전의 김일성(오른쪽 셋째).
한국전 정전회담 북쪽 수석대표였던 남일과
북한 부녀동맹 주석 박정애(오른쪽부터).
1958년 12월 2일, 우한.

좋은 말로 마오쩌둥을 흐뭇하게 했다.

"중국의 강력한 힘이 국제무대에 등장했다. 국제사회에 거대한 작용을 하기 바란다."

소련과 중국 사이, 김일성의 노련한 줄타기

중국과 소련의 틈바구니에서 벌인 김일성의 외교는 성공적이었다. 1959년 10월, 중·소 분쟁이 공개화됐다. 사회주의 진영의 주도권을 놓고 경쟁이라도 하듯이 중·소 양국은 북한의 지지를 확보하기 위해 노력을 아끼지 않았다. 북한은 어느 한쪽으로 기울어지지 않았다. 그 틈을 이용해 모든 이익을 취했다.

1960년 5월, 아이들 싸움이나 진배없는 상황이 벌어졌다. 베이징을 비밀 방문한 김일성은 흐루쇼프가 집권한 이후 소련과 있었던 일을 마오쩌둥에게 그대로 털어놨다.

"5년 전, 흐루쇼프는 미국을 반대하지 말라고 요구했지만 우리는 받아들이지 않았다."

눈치를 챈 흐루쇼프도 가만있지 않았다. 김일성이 모스크바를 방문하자 1956년 베이징 주재 소련대사와 마오쩌둥이 나눈 대화 기록을 김일성에게 건넸다. 마오쩌둥이 김일성을 비난한 내용이 그대로 들어 있었다. 화가 난 김일성은 흐루쇼프에게 장담했다.

"조선노동당은 과거에도 그랬지만, 앞으로도 중요한 문제는 소련공산당의 방침을 따르겠다."

귀국 뒤 열린 간부회의 석상에서도 김일성은 분노를 숨기지 않았다.

"중국은 우리를 식민지로 만들 생각이다. 앞으로 다시는 중국을 믿지 않겠다. 가지도 않겠다."

김일성은 소련과 중국에 대놓고 지원을 요구했다. 두 나라는 김일성의 요구를 대부분 수용했다. 소련은 6·25전쟁 시절 북한에 제공했던 군사차관 7억 6,000만 루블의 탕감 요구에 순순히 응했다. 경제차관 1억 4,000만 루블의 상환기간 연장 요구에도 동의했다. 중국도 뒤지지 않았다. 사회주의 국가에서 북한이 지원 자금 중 약 31퍼센트를 차지할 정도였다.

중국에 대한 김일성의 분노는 오래가지 않았다. 중·소 관계가 점점 악화되자 중립은 더 이상 통하지 않았다. 1963년 1월, 그는 당 기관지 『로동신문』 사설을 통해 친중노선을 분명히 했다.

"조선노동당은 한 부분만 놓고 중국공산당을 비난하는 것을 반대한다. 이유는 사회주의 진영을 분열시키고 공동사업에 손실을 초래하기 때문이다."

김일성도 직접 자신의 견해를 표명했다.

"첫째, 우리 당은 국제 공산주의 운동의 분열을 두려워하지 않는다. 중국과 흐루쇼프의 논쟁이 계속되면 우리는 중국 편에 설 것이다. 둘째, 우리는 방관만 하지 않겠다. 이미 논쟁에 참가할 준비를 마무리했다. 소련이 그 대상이다. 셋째, 중국과 인도가 국경 문제로 충돌할 경우 우리는 중국을 지지할 것이다."

중국과 북한은 전례 없던 밀월기에 진입했다. 밀월관계는 가끔 기복은 있었지만, 문혁 시절 홍위병이 김일성을 수정주의자라고 단정하고 체포령을 내릴 때까지 계속됐다.

서로를 할퀴던 문혁 시기

6·25전쟁 시절, 마오쩌둥의 장남 마오안잉(毛岸英)이 지원군 1호로 참전해 사망했다. 북한은 마오쩌둥의 뜻에 따라 마오안잉을 평안북도 회창에 있는 '중국인민지원군 열사능원' 맨 앞에 매장했다. 묘비 정면에는 '마오안잉 동지의 묘', 뒷면에는 '중국인민의 영수 마오쩌둥 동지의 장남'이라고 새겨넣어 북·중 혈맹의 상징으로 삼았다.

문혁 시절, 홍위병들은 소련과 중국에 양다리를 걸친 김일성을 수정주의자라고 비난했다. 베이징 시내 곳곳에 주자파 김일성을 체포하라는 대자보가 덕지덕지 나붙었다. 소식을 들은 김일성은 대로(大怒)했다. 중공군 묘지에 있는 비석들을 모두 때려부수라고 지시했다. 마오안잉의 비석도 산산조각이 났다. 중·소 관계의 파열과 김일성의 친소정책이 이 어이없는 상황의 주원인이었지만 영토와 민족 문제도 한몫 단단히 했다. 6·25전쟁 정전 이후 북한은 중국의 조선족을 방치하지 않았다. 국경 인근과 동북지역의 조선족 동포들에게 "너희들의 조국은 조선민주주의인민공화국"이라는 조국관념과 "지도자는 김일성"이라는 영수의식을 심어주기 위한 지하활동을 전개했다. 홍위병들이 보기에는 백두산 천지와 백두봉에 관한 문제도 빼놓을 수 없었다. 당시 홍위병들의 주장을 소개한다.

"국경 지역에 위치한 천지와 백두봉은 역사적으로 신성한 우리의 영토였다. 조선 쪽에서 우리에게 천지의 일부분을 요구했다. 김일성의 혁명사업의 발원지라는 이유 등을 대며 우리의 이해를 구했다. 우리는 여러 정황을 고려해 천지의 반을 조선 쪽에 할애했다. 조선은 괘씸하다. 접수 다음 날 백두봉의 명칭을 장군봉으로 바꿔버렸다."

며칠이 지나자 북한 쪽은 베이징 주재 대사관을 통해 성명을 발표했다.

"헤이룽장 성, 랴오닝 성의 일부분과 지린 성의 대부분은 역사적으로 고구려의 판도에 속했다. 중국 역대 왕조가 이 지역을 침범했지만, 현재 중국은 사회주의 국가다. 우리에게 귀환시키는 것이 마땅하다."

중국 쪽은 "우리 학자들의 연구에 따르면 이 지역은 고구려와 무관하다. 무리한 요구다"라며 거절했다. 1965년 초, 소련 수상 코시긴(Aleksey Kosygin) 일행이 평양을 방문해 북·소 양쪽의 우호를 강조했다. 북한도 소련공산당 대회에 대표단까지 파견해 중국을 자극했다. 소련은 북한의 군사·경제·기술 지원 요청도 조건 없이 받아들였다. 북한과 소련이 가까워질수록 북·중 관계는 찬바람이 그치지 않았다. 문혁 직전인 1965년부터 국경 문제로 설전이 오갔고, 3년 뒤 중국은 북·중 경계지역의 중국 쪽 통로를 봉쇄했다.

1965년부터 1969년까지 북·중 양쪽은 문화협정이나 경제협정에 서명하기는커녕 지도층끼리 방문도 하지 않았다. 북한 쪽은 베이징에 체류할 이유가 없다며 대사까지 평양으로 소환해버렸다. 1968년, 소련이 체코슬로바키아를 침략했을 때도 북한은 소련을 지지하며 중국과 정반대의 행동을 취했다. 압록강을 경계로 밤만 되면 양쪽에서 서로를 비난하는 방송이 그칠 날이 없었다.

"우정이 첫 번째고 오해는 그다음이다"

대치가 극에 달하자 완화 분위기도 나타나기 시작했다. 마오쩌둥이 물꼬를 텄다. 외국에 대사들을 다시 파견하고 외국 지도자들을 중국으로 초청했다. 1969년 9월, 중국은 10월 1일 천안문 광장에서 거행될 건국 20주년 기념식에 참석해달라는 초청장을 북한에 발송했다. 김일성은 즉답을 주지 않았다. 시간이 임박해서야 최고인민회의 상임위원장 최용건을 파견하겠다고 통보했다. 베이징에 온 최용건은 환대를 받았다. 천안문 누각 위에서 마오쩌둥과 포옹을 나누고 회의실에서 장시간 얘기를 나눴다. 운남강무당(雲南講武堂)과 황푸군관학교를 거친 최용건의 중국 인맥은 화려했다. 오랜만에 만난 당 지도부와 동북항일연군 출신들의 방문이 줄을 이었다. 북·중 관계가 회복될 기미였다.

이듬해 4월 5일, 총리 저우언라이가 평양을 방문했다. 김일성과 최용건의 영접을 받은 저우언라이는 귀국하기까지 3일간 문혁 이후 복잡했던 북·중 관계의 회복에 나섰다. 김일성도 문혁을 이해한다며 베이징 방문을 약속했다. 김일성의 중국 방문은 전주곡부터 요란했다. 그해 6월에 부수상 박성철을 파견하고 7월에 총참모장 오진우(吳振宇)를 보내 중국의 의도를 탐색했다. 중공 지도부가 총동원돼 박성철과 오진우 일행을 환영하고 마오쩌둥이 두 사람을 접견한 뒤에야 베이징행을 결정했다. 이때 통역을 담당했던 초대 주한 중국대사 장팅옌(張庭延)의 회상을 소개한다.

1969년 10월 3일, 중국 국가부주석 둥비우의 안내로
시안의 반포춘(半坡村) 박물관을 참관하는 최용건(맨 앞 오른쪽).

"당시 나는 베이징에서 천 리 밖에 있는 57간부학교에서 노동 중이었다. 갑자기 베이징으로 오라는 통보를 받고 부랴부랴 행장을 수습했다. 무슨 일인지도 모르고 꼬박 이틀 만에 베이징에 도착했다. 온몸이 먼지투성이였다. 마오 주석의 말은 원래 이해하기가 힘들었지만, 나도 오랫동안 조선말을 안 쓰다 보니 통역에 애를 먹었다. 김일성은 비밀 방문을 원했다. 마오 주석과 저우 총리만 만나면 된다. 저우 총리는 평양을 다녀갔지만 마오 주석은 평양에 오는 것이 불가능하다. 주석이 보고 싶어서 가는 것이니 널리 알릴 필요가 없다는 것이 이유였다."

1970년 10월 8일, 김일성의 베이징 방문을 마오쩌둥은 중요시했다. 예전에 왔을 때는 중난하이에서 환영연을 베풀었지만 오랜만에 다시 중국 땅을 밟은 김일성에게 세심한 배려를 했다. 직접 김일성의 숙소인 댜오위타이를 찾아가 저녁을 함께하겠다며 고집을 부렸다. 김일성이 나이를 거론하며 펄쩍 뛰어도 듣지 않았다.

"나이는 무슨 놈의 나이, 우리는 평등한 사이다."

몇 년간 만나지 못했던 두 사람은 할 말이 많았다. 두 시간이 넘도록 저녁을 먹으며 얘기가 그치지 않았다. 마오쩌둥이 먼저 그간 있었던 중국 쪽 과오를 인정했다.

"우정이 첫 번째고 오해는 그다음이다. 누가 뭐래도 우리는 한집 안이나 마찬가지다. 공동의 적에게 반대하고, 공동으로 각자의 국가를 건설해야 한다."

이튿날 오후에 열린 김일성과 저우언라이의 회담은 일곱 시간이 지나도 그칠 줄을 몰랐다. 모두 입술이 마를 정도였다.

중·미 관계 개선도 찬성한 김일성

10월 10일은 조선노동당 창당 25주년 기념일이었다. 저우언라이는 이날을 그냥 넘기지 않았다. 인민대회당에 김일성과 수행원들을 초청해 성대한 경축연을 베풀며 국·공내전 시절 김일성이 보내준 황색 폭약 얘기를 그칠 줄 몰랐다. 감동한 김일성은 이날 이후 1년에 한두 번은 꼭 중국을 찾았다. 저우언라이와 마오쩌둥이 세상을 떠난 뒤에는 별 재미가 없었던지 발길이 뜸했다.

김일성이 귀국하기 무섭게 북·중 관계가 활기를 띠기 시작했다. 10월 17일, 저우언라이가 조선노동당 중앙위원 정준택(鄭準澤)과 대외경제위원장 김영련을 접견하고, 북한대사관에서 열린 만찬에 리셴녠과 함께 참석해 우호를 만방에 확인시켰다. 워낙 사연이 많은 사이라 마음만 먹으면 벌일 일은 얼마든지 있었다. 중국은 6·25 전쟁 참전 20주년 기념대회도 열었다. 저우언라이와 캉성, 장칭, 장춘차오, 예췬, 왕둥싱, 궈모뤄 등 당과 국가의 지도자들이 총출동한 성대한 집회였다. 베이징의 북한대사관은 허구한 날 중국 당·정 지도자들의 방문을 준비하느라 날밤을 새웠다고 한다. 북한 영화 「꽃파는 처녀」가 중국 전역에 상영되기 시작했다.

평양으로 돌아온 김일성도 가만있지 않았다. 그간 미련한 짓들만 골라서 했다며 중국인민지원군 열사능원을 다시 단장하고 마오안잉의 무덤 앞에 흉상까지 세우라고 지시했다. 중국과 미국의 관계개선에도 찬물을 끼얹지 않았다. 1971년, 미국 백악관 국가안보

1970년 4월 5일, 평양에 도착해 김일성과 함께
시가지를 통과하는 저우언라이(왼쪽).

보좌관 키신저(Henry Kissinger)가 몰래 중국을 방문했다. 회담을 마친 저우언라이는 북한의 반응을 우려했다. 키신저가 베이징을 떠나자 곧바로 평양으로 향했다. 김일성을 만난 저우언라이는 미국과 관계를 개선하려는 이유를 상세히 설명했다. 듣기를 마친 김일성도 저우언라이를 실망시키지 않았다.

"이건 중대한 문제다. 나는 원칙적으로 중국의 구상에 찬성한다. 우리도 정치국 회의를 소집해 토의하겠다. 토론 결과는 베이징에 대표를 파견해 통보하겠다."

당일로 돌아가려던 저우언라이는 김일성이 "안색이 안 좋다. 쉬며 개고기라도 먹고 가라"는 바람에 하루를 지체했다. 저우언라이는 그날 김일성과 함께 먹은 개고기 코스요리가 어찌나 맛있었던지 보는 사람마다 붙들고 자랑을 했다.

김일성이 제1부수상 김일을 파견해 "중·미 관계 개선에 동의한다"는 조선노동당 중앙정치국의 상황을 통보하기까지는 오랜 시간이 걸리지 않았다. 김일성은 여기에 그치지 않았다. 평양을 방문한 체코슬로바키아 대통령에 대한 환영연설 중간에 중국과 미국의 관계개선을 지지한다고 밝혀 공개적으로 마오쩌둥과 저우언라이를 안심시켰다.

덩샤오핑과 김일성의 인연

덩샤오핑은 한반도 안정에 나름대로 기여했다. 그러다 보니 남북한 어디서건 비난받은 적이 없다. 마오쩌둥과 저우언라이를 비롯한 중공 1세대 지도자들처럼 북·중 관계도 원만했다. 덩샤오핑과 북한의 인연은 1961년 평양에서 열린 조선노동당 4차 대회에 중공 대표단 단장 자격으로 참석하면서부터 시작됐다. 1950년대에도 김일성이 중국에 갈 때마다 접촉은 했지만 깊은 얘기를 나눌 수 있는 사이는 아니었다.

평양에 온 덩샤오핑은 환대를 받았다. 단독으로 김일성과 여러 차례 회담하며 북한 지도층과도 안면을 텄다. 귀국한 뒤에도 덩샤오핑은 북한과의 인연을 계속 쌓아갔다. 1962년 6월 16일, 박금철(朴金喆)이 북한 최고인민회의 대표단을 이끌고 베이징에 도착했다. 당시 중공 총서기였던 덩샤오핑은 박금철이 베이징을 떠나는 날까지 14일간 행동을 함께했다. 우한에 있는 마오쩌둥을 만나러 갈 때도 동행했고, 국가주석 류사오치가 국부 쑨원(孫文)의 부인 쑹칭링과 함께 베푼 만찬 석상에서도 박금철의 곁을 떠나지 않았다. 총리 저우언라이가 한밤에 박금철의 숙소를 방문했을 때도 덩샤오핑은 배석했다.

덩샤오핑이 평양을 두 번째 방문한 때는 1964년 봄이었다. 첫 번째와 달리 비밀 방문이다 보니 무슨 의견을 교환했는지는 공개되지 않았다. 소련의 흐루쇼프가 몰락한 직후여서 소련공산당과의 관계 설정을 놓고 이런저런 의견들이 오갔으리라 짐작되지만, 그때까지만 해도 김일성은 덩샤오핑을 높이 평가하지 않은 듯하다. 북·중 관계에 영향을 미치기에는 부족한 방문이었다.

1966년, 문혁과 함께 몰락한 덩샤오핑은 린뱌오가 비행기 추락 사고로 세상을 떠나고 저우언라이의 병세가 심각해지는 바람에 1973년, 복직에 성공했다. 2년 뒤, 당 부주석과 중앙군사위원회 부

김일성과(오른쪽) 마오쩌둥의 마지막 만남.
1975년 4월 18일, 베이징 중난하이.

주석, 인민해방군 총참모장을 겸했지만, 권력을 잡고 있던 4인방은 덩샤오핑을 내버려두지 않았다. 전부터 해오던 경험주의 비판에 수위를 높이기 시작했다. 정치국원들을 동원해 저우언라이를 향해 포문을 열었다. 최종 목표가 덩샤오핑이라는 것은 천하가 다 알 정도였다. 마오쩌둥도 4인방의 행동을 제지하지 않았다.

덩샤오핑은 죽을 맛이었다. 저우언라이는 여덟 시간 동안 수술을 받는 등 병상에서 허덕이고 있었고 마오쩌둥과의 단독 대면은 거부되기 일쑤였다. 직접 만나 정치동향을 보고하고, 속내를 읽기 위해 지혜를 짜냈지만 뾰족한 방법이 없었다. 김일성이 구세주가 될 줄은 꿈에도 생각 못 했다.

1975년 4월 2일, 중공 원로 둥비우가 세상을 떠나더니 3일 뒤엔 장제스가 타이베이(臺北)에서 숨을 거뒀다. 크메르루주(Khmer Rouge)의 지원을 받은 시아누크가 베이징과 평양에 장기 체류하다 캄보디아 프놈펜(Pnompenh)에 입성했다. 세상이 복잡하게 돌아갈 징조였다. 이때 김일성이 "마오쩌둥 방문과 저우언라이의 병문안을 위해 중국을 공식 방문하겠다"고 중국 쪽에 통보했다. 당시 덩샤오핑은 베이징을 방문한 북한 『로동신문』 주편 이용익과의 회견에서 김일성에게 메시지를 보냈다.

"중국 방문을 환영한다. 준비에 만전을 기하겠다."

9개월간 항저우에서 요양 중이던 마오쩌둥도 김일성이 온다는 소식에 베이징으로 거처를 옮겼다. 덩샤오핑과 김일성을 직접 연결해준 사람은 마오쩌둥과 저우언라이였다. 17일 오후, 국경도시 단둥에 도착한 김일성은 대기하고 있던 외교부장 차오관화(喬冠

華)의 안내로 베이징으로 향했다. 베이징 역에서 덩샤오핑, 장칭, 야오원위안, 천시롄(陳錫聯) 등의 영접을 받은 김일성은 중국 쪽이 짜놓은 일정에 구애받지 않았다. 곧바로 마오쩌둥을 만나겠다고 덩샤오핑에게 요구했다. 김일성이 오진우와 함께 마오쩌둥을 만난 자리에 배석한 중국 지도층은 덩샤오핑이 유일했다.

"앞으로 의논할 일은 이 사람과 상의해라"

2003년 공개된 당시 마오쩌둥과 김일성의 담화 내용을 소개한다. 마오쩌둥이 먼저 입을 열었다.

"우리 총리가 병이 났다. 그것도 암인지 뭔지 아주 고약한 병이다. 1년간 세 번 수술했다. 방광에 이상이 있어서 두 번 칼을 댔더니 대장에도 이상한 물건이 붙어 있었다. 그래서 또 칼질을 했다."

김일성이 "덩샤오핑 부주석을 통해 알고 있다"고 하자 덩샤오핑이 보충 설명했다.

"총리가 수술할 때마다 현준극(玄埈極) 대사를 통해 김 주석에게 보고했습니다."

덩샤오핑을 물끄러미 바라보던 마오쩌둥은 잘했다며 고개를 한 번 끄덕이더니 말을 계속했다.

"둥비우가 세상을 떠났다. 총리도 환자고 나도 환자다. 캉성과 류보청도 병 때문에 고생이 심하다. 이제 멀쩡한 건 너희 둘밖에 없다."

마오쩌둥은 김일성과 덩샤오핑에게서 눈을 떼지 않았다.

"내 나이 이미 82세, 거동 못 할 날이 멀지 않다. 그땐 너희들에게 의지할 생각이다."

김일성은 고개를 숙이며 고맙다고 하고, 덩샤오핑은 이제야 살았다는 생각이 들었는지 몸 둘 바를 모르겠다는 표정을 지었다. 이날따라 마오쩌둥은 말이 많았다. 자신의 상태를 상세히 설명했다.

"그래도 생각은 정상이다. 밥도 잘 먹고 잠도 잘 잔다."

김일성이 말을 받았다.

"그게 제일 중요합니다. 우리에게 가장 소중한 것은 주석께서 오래 사시는 겁니다."

마오쩌둥이 그럴 가능성이 없다고 하자 김일성이 이유를 물었다. 마오쩌둥이 웃으며 대답했다.

"염라대왕이 자꾸 한잔하자며 초청장을 보낸다."

김일성도 웃었다.

"가지 마십시오."

마오쩌둥은 북한의 유전 개발에 관심이 많았다.

"아직도 석유를 못 찾았느냐? 빨리 찾아라. 석유와 원자탄이 제일 중요하다. 그거 두 개만 있으면 어디 가도 큰소리칠 수 있다. 그게 없으면 아무리 잘난 척해도 국제사회에서 알아주지 않는다."

이날 마오쩌둥은 김일성에게 덩샤오핑을 정식으로 소개했다. "정치 얘기는 하지 말자"며 손으로 덩샤오핑을 가리켰다.

"저 사람이 바로 덩샤오핑이다."

"전부터 알고 있었습니다. 그간 많은 일을 한 옛 친구고 동지입니다."

"전쟁도 할 줄 안다."

"전쟁뿐 아니라 정치공작에도 능합니다. 지금은 사상투쟁을 진

1982년 4월, 덩샤오핑은
중공 중앙 총서기 후야오방과 함께 평양을 방문했다.
당시 김일성과 함께한 덩샤오핑(앞줄 오른쪽 둘째).

행 중입니다. 10년간 만날 기회가 없었습니다."

"홍위병에게 한동안 쫓겨났었다. 지금은 별일이 없다. 고꾸라졌다가 다시 일어났다. 지금 우리는 저 사람이 필요하다."

"우리도 환영합니다."

마오쩌둥의 거처를 나선 김일성과 덩샤오핑은 저우언라이의 병실로 직행했다. 저우언라이도 근심스러운 표정을 지으며 배석한 덩샤오핑을 김일성에게 소개했다.

"나는 살날이 얼마 남지 않았다. 앞으로 의논할 일이 있으면 이 사람과 상의해라."

마오쩌둥과 저우언라이의 의중을 파악한 김일성과 덩샤오핑은 이틀간 내리 회담하고 3일간 난징 여행도 함께 다녀왔다.

평양으로 돌아온 김일성은 그해 말 저우언라이의 병세가 위중하다는 소식을 접하자 특사 파견을 제의했다. 중국 쪽이 사람을 만나도 알아보지 못한다며 완곡히 거절하자 김일성은 저우언라이의 사망이 임박했다고 직감했다. 1976년 1월 8일, 저우언라이가 사망하자 중국은 북한대사관에 제일 먼저 통보할 정도로 김일성에게 신경을 썼다.

저우언라이의 사망을 보고받았을 때 김일성은 눈에 질병이 심해 수술을 앞두고 있었다. 그래도 장례식에 직접 참석하려 했지만 중국은 국가지도자의 영결식에 외국인이 참석한 전례가 없다며 거절했다. 몇 날 며칠을 뜬눈으로 울다 보니 눈이 퉁퉁 붓는 바람에 수술 날짜를 미룰 정도였다. 그래도 직성이 안 풀렸는지 김일성은 저우언라이의 동상을 세우라고 지시했다. 3년 뒤, 북한 땅에 세운 유일한 외국인 동상 제막식이 흥남화학 비료공장에서 열렸다. 9개월 뒤, 마오쩌둥이 세상을 떠났을 때도 김일성은 평양의 중국대사관에 설치된 영당(靈堂)을 하루도 빠짐없이 찾아갔다.

덩샤오핑이 평양을 세 번째로 방문한 때는 1978년 9월 8일이었다. 저우언라이 사망 뒤 또 쫓겨났다가 4인방이 체포되자 정계에 세 번째로 복귀했다. 당과 정부는 물론이고 군까지 장악한 덩샤오핑의 방문을 김일성은 소홀히 하지 않았다. 게다가 9월 9일은 마오쩌둥 사망 2년째가 되는 날이기도 했다. 김일성은 덩샤오핑이 가는 곳마다 같이 다녔다. 돌아가는 날까지 일주일 동안 하루도 빠짐없이, 그것도 온종일 단독회견을 한 것과 마찬가지였다. 특히 함흥을 방문한 날은 시민 8만 명을 동원해 카퍼레이드까지 벌였다.

덩샤오핑의 마지막 외국 방문지도 북한이었다. 1982년 4월에도 덩샤오핑은 총서기 후야오방과 함께 평양을 찾았다. 전통적 우의와 국가와 국가 간의 특수한 관계를 세계에 재확인시켰다.

한·중 수교 과정에서 한때 북·중 관계는 미묘한 적이 있었다. 그래도 덩샤오핑은 북한의 체면에 신경을 썼다. 중요한 일은 꼭 북한 쪽에 먼저 통보했다.

외교 달인 구웨이쥔 5

"중국이 이런 나라인 줄 몰랐다.
조용한 날이 단 하루도 없다. 무서워서 못살겠다.
어떻게 된 사람들이 얼굴에 표정이 없다.
머릿속에 뭐가 들어 있는지,
무슨 생각을 하는지 모르겠다.
세상에 특출한 사람은 없다.
남들이 그렇게 볼 뿐이다. 나도 평범한 사람이다.
어쩌다 보니 대부호의 딸로 태어났지만,
아버지의 부를 계승한다는 생각은 해본 적이 없다.
나를 그냥 한 명의 여자로 대해주기 바란다."

탕샤오이와 사위 구웨이쥔

> "모든 인간의 얼굴에는 직업과 지위라는 종이 한 장이 붙어 있다.
> 그것만 벗겨내면 동물과 다를 게 없다."

탕샤오이의 이상과 현실

1937년 7월 17일, 중국의 최고 통치자 장제스는 침략자 일본과의 전쟁을 결심했다.

"결정적인 순간이 도래했다. 일단 전쟁이 발발하면 남과 북, 남녀노소를 가릴 것 없이 국가를 보위하고 영토를 수호할 책임이 있다."

8월 초, 국민당 국방회의를 소집해 항일전쟁을 선포했다.

동북에 만주국을 세워 재미를 본 일본 군부는 점령지 화북과 동남 지역에도 괴뢰정부 설립을 구상했다. 중국인 명망가 중에서 마땅한 사람을 물색했다. 일본 정보기관이 외교관, 국무총리, 대학 총장 등을 역임한 탕샤오이(唐紹儀)를 접촉했다는 소문이 파다했다. 사실 여부는 중요하지 않았다. 탕샤오이라면 일본이 탐낼 만도 했다. 오해를 살 만도 했다. 몇 년 전 탕샤오이는 정계를 떠났다. 상하이에 칩거하며 두문불출, 세상에 모습을 드러내지 않았다. 대단한 이유는 없었다. 모든 칩거가 그런 것처럼 찾아오는 사람도 없고, 오라는 곳도 없었다. 전쟁이 터지자 웬만한 사람들은 다들 후방으로 피신했다. 일본군이 상하이를 점령한 후에도 탕샤오이의 거처는

상하이에서 칩거하던 탕샤오이와 가족들.
1920년대 말로 추정.

변함이 없었다. 태도도 애매했다. 일본이 제 발로 찾아오기를 기다리는 사람 같았다.

이듬해 9월 말, 탕샤오이의 시신이 발견됐다. 정상적인 죽음이 아니었다. 한동안 암살설이 그치지 않았지만, 오래가지 않았다. 시간은 요물이다. 세월이 흐를수록 전문 연구자 외에는 이름조차 들먹이는 사람이 거의 없었다. 국민당 측은 물론이고 공산당 쪽도 마찬가지였다.

1953년 3월, 타이완의 국민당 정부는 미국과 공동방위조약 체결을 추진했다. 베이징의 마오쩌둥은 협상 대표가 누군지 궁금했다. 구웨이쥔(顧維鈞)이라는 보고를 받자 "탕샤오이의 사위 구웨이쥔"이냐고 물었다. 마오의 입에서 탕샤오이가 튀어나오자 다들 깜짝 놀랐다. 그간 탕샤오이의 이름은 금기(禁忌)에 속했다. 국민당도 마찬가지였다. 그날 이후 마오쩌둥은 탕샤오이를 여러 번 거론했다.

"위안스카이(袁世凱)는 사람 보는 눈이 있었다. 대총통에 취임하자마자 수십 년간 호형호제하던 탕샤오이를 총리에 지명했다. 중국 역사상 최초의 내각책임제 총리를 지낸 사람이 퇴직 후 고향 현장직을 자청했다. 지금 우리 당에는 이런 사람이 없다. 간부 교육에 활용토록 해라. 배울 점이 많다."

같은 해 가을 미국 31대 대통령 후버(Herbert Hoover)가 회고록을 출간했다. 중일전쟁 초기, 비명에 세상을 떠난 탕샤오이를 극찬했다.

"이상과 현실을 구분할 줄 아는, 정직하고 뛰어난 재능의 소유 자였다. 중국의 미래에 관한 원대한 포부를 들을 때마다 고개가 숙여졌다."

위안스카이와 맞서고 총리직을 내던지다

19세기 말 중국에 체류했던 후버는 탕샤오이의 절친한 친구였다. 탕샤오이는 열두 살 때 청 제국 관비유학생(유미유동, 留美幼童)에 뽑혔다. 7년 후, 컬럼비아대학 1학년 때 본국의 소환장을 받았다. 귀국 후 텐진에서 학업을 계속하던 탕샤오이는 조선에 나가라는 명령을 받고 당황했다.

"조선 세관장으로 부임하는 묄렌도르프(Paul Möllendorff)를 보좌해라."

그게 바로 인생이라고 정의해도 할 말이 없을 정도로, 생각지도 않던 곳에서, 엉뚱한 사람을, 그것도 우연히 만나는 바람에, 운명이 결정되는 경우가 대부분이다. 어릴 때부터 객지 생활을 한 탕샤오이는 적응력이 뛰어났다. 묄렌도르프의 신임이 대단했다. 겁도 없었다. 조선 부임 2년 후, 일본을 등에 업은 귀족 자제들이 정변(갑신정변)을 일으켰다. 조선 총독이나 다름없던 위안스카이는 진압 과정에서 탕샤오이가 맘에 들었다. 측근에 두고 무슨 일이건 의논했다. 나이도 별 차이가 나지 않았다. 사석에서는 호형호제했다. 위안스카이는 독신인 탕샤오이에게 조선 여인도 소개해줬다. 성은 조(趙) 씨, 빼어난 미인이었다.

"조선 남자들은 여자 부려먹는 기술이 뛰어난 사람들이다. 눌려

우정대신 시절의 탕샤오이(오른쪽)와
조선 출신의 조 씨 부인.
1906년, 베이징.

살아서 멍청해 보일 뿐, 여자가 남자보다 우수한 나라다. 조선 여자
와 결혼해라."

30대 초반의 탕샤오이는 용산 세관장과 조선 총영사를 역임하
며 승승장구했다. 한국인들에겐 좋은 인상을 남기지 못했지만, 부
친상으로 귀국하기까지 10년간 조선에서 활개를 쳤다.

이홍장(李鴻章) 사망 후 직예총독(直隷總督)과 북양대신(北洋大
臣)을 겸한 위안스카이는 부인 조 씨와 함께 귀국한 탕샤오이를 중
용했다. 청나라 말기, 중국외교와 철도건설·세무·우정사업은 탕
샤오이의 독무대였다.

1911년, 청나라가 막을 내렸다. 혁명세력은 공화제를 표방했다.
이듬해 2월, 난징 참의원은 위안스카이를 임시 대총통으로 선출했
다. 취임식을 마친 위안스카이는 탕샤오이를 초대 국무총리에 임
명했다. 변할 줄 알아야 인간이다. 권력을 쥐고도 변하지 않으면 사
람이 아니다. 탕샤오이는 내각책임제의 신봉자였다. 사사건건 위
안스카이와 충돌했다. 총리직을 내던지고 남방의 혁명세력과 합류
했다. 혁명세력도 본질은 위안스카이와 다를 게 없었다. 이것저것
다 해봤지만 이상주의자 탕샤오이가 설 곳은 중국 천지에 없었다.
그럴수록 명망은 더 올라갔다. 일본이 이런 탕샤오이를 내버려둘
리가 없었다.

"내가 지저분하게 굴면 국민과 국가의 격이 떨어진다"

공짜나 뇌물은 말할 것도 없다. 적당히 즐기는 거야 뭐랄 사람이
없지만, 술이건 도박이건 명품 수집이건 너무 밝히다 보면 허점이

보이기 마련이다. 망신은 기본이고, 비명횡사도 남의 일이 아니다.

처신이 깔끔했던 탕샤오이는 소문난 골동품 수집가였다. 도자기, 옥, 명인들의 글씨나 서적이라면 물불을 가리지 않았다. 가격도 따지지 않았다. 손자가 구술을 남겼다.

"할아버지의 골동 취미는 남달랐다. 은퇴 후에 살던 주하이(珠海)의 궁러위안(共樂園) 창고에는 진기한 물건이 많았다. 거의가 거금을 들여 구입한 진품들이었다. 감식력도 뛰어났다고 들었다. 가까운 친구들이 오면 함께 보며 즐겼다. 네 명의 부인과 자녀들(6남 13녀)에겐 별것도 아니라며 잘 보여주지 않았다. 값나가는 물건인 줄 알면 몰래 들고 나가 팔아먹을지 모른다는 것이 이유였다. 할아버지는 골동벽(骨董癖)인지 뭔지 때문에 목숨까지 잃었다. 일본군을 피해 상하이를 떠나지 않은 것도 순전히 수장품 때문이었다."

청말민초(淸末民初, 청나라 말기와 중화민국 초기), 정치와 외교에 재능을 발휘했던 탕샤오이는 공산당을 혐오했다. 국부 쑨원이 공산당과 연합하자 정치에 흥미를 잃었다. 공산당과 결별한 장제스가 정권을 잡은 후에도 마찬가지였다. 당과 국가의 원로이다 보니 국민당 감찰위원과 국민정부위원 같은 한직은 맡았지만 나가도 그만이고, 안 나가도 뭐랄 사람이 없었다. 최고고문직을 맡아 달라는 장제스의 간곡한 편지에도 답신을 보내지 않았다. 평일에는 강변을 거닐거나 문을 닫아걸고 시(詩)에 심취했다. 봄이 되면 총리

시절 각료들과 여행도 즐겼다. 자신의 명예를 소중히 여겼다. 사업
가나 옛 부하들이 경비 부담을 자청하면 화를 냈다.

"나는 일국의 외교관과 총리를 역임한 사람이다. 한때 대학 총장
도 지냈다. 나를 폐물로 만들지 마라. 내가 지저분하게 굴면 국민과
국가의 격이 떨어진다. 제자들이 알면 쓰레기 취급을 당해도 변명
할 말이 없다."

정치 얘기는 하지도 듣지도 않았다.

탕샤오이 의심하던 장제스 "변절하면 제거하라"

중일전쟁 초기, 상하이를 점령한 일본은 남당북오계획(南唐北吳
計劃)이란 걸 세웠다. 별 내용도 아니었다.

"중국은 큰 나라다. 일본의 직접 통치가 불가능하다. 중국인을
통해 중국인을 제압(以華制華)해야 한다. 평화를 명분으로 장제스
와 담판을 벌일 수 있는 인물을 우리 편으로 끌어들이는 것이 급선
무다. 남쪽의 탕샤오이와 북쪽의 우페이푸(吳佩孚) 정도라면 해볼
만하다."

일본은 소문부터 퍼뜨렸다. 탕샤오이의 이름이 사람들 입에 오
르내리기 시작했다. 국민당 최고의 정보기관인 군사위원회 조사통
계국(군통)은 일본의 계획을 간파했다. 특무요원들을 파견해 탕샤
오이의 일거일동을 감시했다. 일본인들이 자주 드나들었다. 다른
사람 같으면 당장 없애버렸겠지만, 상대가 상대이다 보니 특무들
은 신중했다. 군통국장 다이리(戴笠)에게 보고만 할 뿐, 행동은 함
부로 하지 못했다. 다이리의 보고를 받은 장제스는 불쾌했다.

낙향 시절, 컬럼비아대학 동창인
철도국장 중쯔위안(種紫垣, 왼쪽 둘째)의 방문을 받은
탕샤오이(왼쪽 셋째) 부부와 자녀들.
1922년 봄, 주하이의 궁러위안.

은퇴 후 골동품 수집과 낚시를 즐기며
유유자적하는 탕샤오이.
1923년 봄, 주하이의 궁러위안.

"동태를 더 엄밀히 파악해라. 탕샤오이는 국민당 원로다. 만에 하나 일본의 회유에 응하면 당과 정부의 명예가 손상된다. 선예후병(先禮後兵), 나는 예의를 갖추겠다. 너는 제거할 준비를 서둘러라. 증거가 잡히는 즉시 행동에 옮겨라."

장제스는 인편에 탕샤오이에게 편지를 보냈다.

"홍콩에 거처를 마련하겠다. 싫으면 우한으로 와라. 지금 우리에게는 국제문제에 정통한 외교관이 필요하다. 외교위원회를 구성할 생각이다. 주석직을 맡아주기 바란다."

탕샤오이도 답장을 보냈다.

"무슨 의미인지 알겠다. 안심하기 바란다. 망국의 노예가 될지언정, 나라를 팔아먹는 짓은 하지 않겠다. 기회가 되면 홍콩으로 가겠다. 집안에 처리해야 할 일이 많다. 마치는 대로 몸을 움직이겠다."

탕샤오이는 말뿐이었다. 상하이를 떠날 기색을 보이지 않았다.

다이리는 암살 준비에 착수했다. 명품 도자기와 서화(書畵), 명나라 명장 척계광(戚繼光)이 왜구 토벌 때 착용했다는 보검 등을 고가에 구입했다. 군통 최고의 살인 전문가 중에서 세 명을 선발했다. 지휘는 탕샤오이와 친분이 두터웠던 사람의 제자에게 맡겼다.

"총은 사용하지 마라. 가급적이면 도끼를 써라."

1938년 9월 28일 새벽, 중국 주재 일본 특무기관 책임자가 탕샤오이의 집을 찾았다. 7년 전, 탕샤오이의 손자 한 사람이 아버지에게 들었다며 두 사람의 대화 내용을 공개했다.

"일본인은 할아버지에게 일본 점령지역에 새로운 정부를 출범시킬 예정이니 최고 직책을 맡아 달라고 했다. 내가 무슨 직책이었냐고 물었더니 그것까진 알 필요 없다며 버럭 소리를 질렀다. 지금 생각해보니, 상세한 내용은 아버지도 잘 모르는 것 같았다. 안다면 화낼 이유가 없었다."

상하이의 프랑스 조계(租界)에 있는 탕샤오이의 거처는 암살에 적합한 지역이 아니었다. 경찰들의 경비가 삼엄했다. 어찌나 삼엄한지, 주민들도 얼씬할 엄두를 못 낼 정도였다. 집안에도 경호원이 많았다. 한결같이 사격에 능하고 무술의 고수들이었다.

탕샤오이를 점찍은 일본

1937년 12월 중순, 일본군이 국민정부 수도 난징을 점령했다. 1개월 후 일본 총리 고노에 후미마로(近衛文麿)가 첫 번째 대중국 성명을 발표했다.

"지금부터 제국정부는 국민정부를 협상 대상으로 인정하지 않는다. 제국과 합작이 가능한 정권의 건립을 희망한다. 새로운 정권이 들어서면 신중국의 건설과 부흥에 협조하겠다."

한마디로 꼭두각시 정권을 세우겠다는 의미였다. 국민정부 재정부 상하이 주재원이 일본의 구상을 탐지했다. 중요 내용을 상부에 보고했다.

"갑(甲), 국민당 우파의 영수와 항일 영수를 갈라놓는다. 전자를 끌어들여 전국적 성격의 정부를 난징에 수립한다. 을(乙), 국민당 우파를 통해 군벌과 그 군대를 회유해 항일 의지를 느슨하게 한다. 필요시에는 와해시키는 것도 가능하다. 병(丙), 영국·미국·프랑스·독일의 자본가들과 연계해 중국에 대한 차관과 무기 제공을 방해한다."

일본의 구체적인 방안도 빠뜨리지 않았다.

"신정권의 수반은 탕샤오이가 가장 적합하다. 국민당 내 각 계파 영수들 사이에 신망이 두텁고 외교적 수완이 뛰어나다. 중화민국 초대 내각총리 탕샤오이가 정부를 조직하면 장제스의 국민정부에 손색이 없다. 탕샤오이가 거절할 확률이 높다. 난징으로 납치하는 것도 고려해볼 만하다."

탕샤오이의 반응은 4개월이 지나서야 나왔다. 5월 20일 오후, 일본 측과 접촉이 많은 옛 비서를 불렀다.

"일본인들에게 내 뜻을 전해라. 양국이 화의를 하려면 요구하는 쪽이 먼저 전쟁을 그쳐야 한다. 그칠 생각이 없으면서 화의를 원하는 것은 사람을 기만하는 행위다. 정전 후 담판도 간단한 문제가 아니다. 그간 양측이 체결한 모든 협정부터 취소해야 한다."

탕샤오이는 신임 일본대사의 면담 요청도 거절했다.

장제스도 전쟁을 오래 끌고 싶지 않았다. 내심으론 일본과의 화의를 갈망했다. 일본이 국민정부와는 상대하지 않겠다는 성명을 발표하자 탕샤오이가 떠올랐다. 외교의 달인 탕샤오이가 개인 자격으로 일본과 접촉하기를 희망했다. 동시에 탕샤오이의 심리적인 동요를 막기 위해 안간힘을 썼지만 허사였다. 일본 특무기관 책임

1937년 겨울, 일본군의 난징대학살에
항의하는 시위가 상하이에서 벌어졌다.
시위 행렬을 차단시킨 상하이의 일본군.

자와 밀담을 나눴다는 보고를 접하자 붓을 들었다. 탕샤오이의 이름 석 자를 지워버렸다.

일본 접촉한 탕샤오이에게 '도끼 자객' 보낸 장제스

탕샤오이는 셰즈판(謝志磐)이라는 청년을 좋아했다. 황푸군관학교를 졸업한 준재였다. 탕샤오이의 집에 자주 드나들다 보니 경호원들과 농담을 주고받을 정도였다. 몸수색도 당하지 않았다. 탕샤오이의 친구 중에 셰즈판을 의심하는 사람이 있었다. "형제 중에 국민당 특무가 있다는 소문이 있다"며 조심하라고 경고했지만 탕샤오이는 한 귀로 흘렸다.

하루는 셰즈판이 골동품 상인 두 명을 데리고 나타났다. 경호원들은 집주인이 골동품 애호가라는 것을 익히 알고 있었다. 셰즈판과 안부를 주고받으며 상인의 몸을 수색했다. 도자기 등 골동품도 이상이 없었다. 평소처럼 거실로 안내했다. 탕샤오이가 나타나자 셰즈판은 함박웃음을 지었다.

"프랑스 조계에 피란민들이 넘칩니다. 조상 대대로 내려오는 명품들을 시장에 내놨습니다. 헐값에 구입하실 수 있는 좋은 기회입니다."

이어서 일행을 손으로 가리켰다.

"총리를 존경하는 골동품상들입니다. 몇 점 골라왔으니 감상을 청합니다."

도자기를 살피던 탕샤오이는 탄성을 질렀다.

"천하의 진품들이다."

가격도 저렴했다.

일차 연습을 마친 군통의 암살 전문가들은 신중했다. 여러 차례 탕샤오이의 거처를 왕래하며 습관을 파악했다. 훗날 암살에 참여했던 군통 요원이 임종 직전 구술을 남겼다.

"아주 귀한 물건을 볼 때는 경호원들을 밖으로 내보냈다. 국장 지시대로 도끼를 사용하기로 했다."

9월 30일 오전 9시, 남색 승용차가 탕샤오이의 저택 앞에 멈췄다. 보슬비에 가을 바람이 더한 음산한 날씨였다. 익숙한 얼굴들을 본 경비원은 군말 없이 철문을 열었다. 송(宋)대 황제의 친필이 새겨진 대형 화병을 본 탕샤오이는 입이 벌어졌다. 흥분을 달래기 위해 담뱃불을 붙이는 순간 골동상인이 화병 속에서 손도끼를 꺼냈다. 한 방에 머리 정면을 맞은 탕샤오이는 헉 소리도 못 내고 쓰러졌다. 밖으로 나온 셰즈판 일행은 문을 반쯤 닫은 채 안에 대고 허리를 숙였다. "바람이 찹니다. 나오지 마십시오"를 연발해 경호원들을 안심시켰다. 탕샤오이는 머리에 도끼가 박힌 채 병원에 이송됐다. 오후 4시에 숨을 거뒀다. 신문마다 일본의 소행임을 암시했지만, 국민당 특무를 의심하는 사람이 더 많았다. 정부가 직접 수습에 나섰다. 10월 5일, 정부주석과 행정원장 명의로 조문을 발표했다.

"탕샤오이의 평생 사적을 국사관(國史館)에 보존하고, 장례비 5,000위안을 정부가 부담한다."

인간 세상은 파고들어갈수록 모를 것투성이다. 항일전쟁 초기 탕샤오이는 잠시 동요했다. 측근들 거의가 일본의 앞잡이로 전락했지만, 정작 본인은 일본의 요청을 끝까지 수락하지 않았다. 군통도 탕샤오이가 반역자라는 증거는 발견하지 못했다. 이렇다 보니, 암살을 당했기 때문에 만절(晩節)을 지킬 수 있었다는 말이 그럴듯하다.

외교 달인 구웨이쥔 '여성 외교' 실력도 발군

지난 세기 말, 연금에서 풀려난 장쉐량은 짓궂은 구술을 많이 남겼다. "수십 년 전, 중국인들의 남녀관계가 보수적이었다고 말하는 사람들이 있다. 뭘 몰라도 한참 모르는 사람들이다. 당시 베이핑의 남녀관계는 복잡했다. 고관대작의 부인 중에 애인 없는 여인은 단 한 명도 없었다. 모든 인간의 얼굴에는 직업과 지위라는 종이 한 장이 붙어 있다. 그것만 벗겨내면 일반 동물과 다를 게 없다"며 외교관 구웨이쥔과의 일화를 거론했다.

구웨이쥔은 장쉐량보다 열두 살 위였는데도, 장쉐량이 가깝게 지내던 여인이 맘에 들었다. 하루는 "너만 재미보지 말고 내게도 소개해달라"고 애걸했다. "몇 번 보다 보면 그게 그거"라고 해도 듣지 않았다. 모른 체할 테니 재주껏 해보라고 하는 수밖에 없었다. 구웨이쥔은 뛰어난 외교관다웠다. 얼굴이 두껍고 여자 홀리는 솜씨가 뛰어났다. 보답할 줄도 알았다. 친하게 지내던 여인들을 장쉐량에게 소개시켜줬다. 그것도 한두 명이 아니었다.

구웨이쥔은 네 번 결혼했다. 그중 한 명이 중국 사교계에 명성을 떨쳤다. 장쉐량은 이 여인의 이야기도 빠뜨리지 않았다.

"구웨이쥔이 도망가 있을 때 그 부인은 베이징 호텔에 머무르고 있었다. 구웨이쥔의 소식이 궁금해 찾아갔더니 내게 추파를 던졌다. 나보다 나이가 두 배 가까이 되는 여인이었다. 그날 나는 죽는 줄 알았다. 그 후 시도 때도 없이 나를 만나자고 했다."

장쉐량은 그날의 부인 이름을 밝히진 않았다. 암시는 줬다.

"첫 번째 부인은 본 적도 없고, 두 번째 부인인 탕샤오이의 딸은 보기 드물게 단정한 여인이었다. 마지막 부인도 아니다."

이런 말도 했다.

"내 친구 아들 중에는 구웨이쥔과 똑같이 생긴 애도 있었다. 보는 사람마다 깜짝 놀랄 정도였다."

구웨이쥔과 탕샤오이의 운명적 만남

구웨이쥔은 1888년 1월 말, 상하이 병기창 재정주임 집안에서 태어났다. 할머니는 이 손자를 유난히 예뻐했다. 옆집에 용한 점쟁이가 있었다. "관운이 성하고 장수할 팔자"라는 말을 듣자 기분이 좋았다. 틈만 나면 상하이의 점집을 순례하다시피 했다. 가는 곳마다 점괘가 비슷했다. 열두 살 때 학질에 걸리자 불안했다. 명의(名醫) 장샹윈(張驤雲)을 찾아가 손자의 사주를 내밀었다.

"네 손녀와 정혼하자."

장샹윈은 사주풀이에 일가견이 있었다. 한참 들여다보더니 군말 없이 수락했다.

"어릴 때 병마에 시달리겠지만 별거 아니다. 멀리 떠날수록 좋다. 처갓집 덕을 많이 볼 사주다."

장샹원은 손녀와 정혼한 구웨이쥔을 정성껏 치료했다. 효과가 없었다. 할머니는 당황했다. 미래의 사돈에게 정중히 제안했다.

"웨이쥔을 멀리 보내자. 멀면 멀수록 좋다는 말을 한 적이 있다. 이왕이면 미국 유학을 보내고 싶다. 비용은 반씩 부담하자."

장샹원은 지혜로운 노부인의 제안을 거절할 명분이 없었다.

구웨이쥔은 태평양을 건넜다. 1904년, 열여섯 살 때였다. 이듬해 가을 컬럼비아대학에 무난히 입학했다. 대학 생활은 화려했다. 학보를 발간하고, 『뉴욕타임스』에 실린 중국 관련 기사를 번역해 본국에 보냈다. 유학생회 회장에 출마했을 때도 목표를 얻었다. 1900년, 10여 명에 불과했던 중국인 유학생이 500명을 돌파했을 때였다.

유학생은 여러 부류가 있었다. 공부 외에는 관심이 없는 학생을 문사파(文士派), 외국 것은 무조건 좋다는 학생은 유외파(留外派), 몰려다니며 놀기에 열중하는 유학생은 류외파(流外派), 몸값 올리기 위해 유학길에 오른 학생은 명예파(名譽派) 소리를 들을 때였다. 구웨이쥔은 이것도 아니고 저것도 아니었다. 석사 과정 입학을 앞두고 유럽 여행을 떠났다. 도중에 잠시 다녀가라는 할머니의 전보를 받고 집히는 바가 있었다. 할머니의 분부는 지상명령이나 다름없었다. 장샹원의 손녀와 혼례를 마쳤다. 신부와 함께 미국으로 돌아와 학업을 계속했다. 친구의 소개로 망명 중이던 쑨원을 만났다. 남에게 말은 안 했지만 허황된 사람이라는 생각이 들었다. 승진한 아버지가 큰 집을 마련하고, 넓은 땅을 매입했다는 소식을 듣고도 그런가보다 했다.

생각지도 않았던 사람을 그것도 우연히 만나는 바람에, 상상도

1924년 크리스마스, 상하이의 기업인들이 마련한
자리에 참석한 탕샤오이(앞줄 오른쪽 일곱째)와
부인 우유차오(吳有翹, 오른쪽 아홉째).
우유차오 바로 왼쪽에 손을 깍지 끼고 앉은 남자가
국제사회에서 '웰링턴 쿠'라면 모르는 사람이 없는
사위 구웨이쥔.

못 했던 길로 들어서는 것이 인생이다. 조선 땅에서 탕샤오이가 위안스카이를 우연히 만난 것처럼, 구웨이쥔과 탕샤오이의 만남도 우연이었다.

1910년 1월, 청나라 정부는 만주총독 탕샤오이를 미국에 파견했다. 탕샤오이는 만나고 싶은 유학생 명단을 외교부에 건넸다.

"이들을 워싱턴으로 초청해라. 열흘간 함께하는 시간을 많이 갖고 싶다."

명단에 구웨이쥔의 이름이 빠질 리 없었다. 초청받은 유학생들은 구웨이쥔을 대표로 선출했다. 탕샤오이가 베푼 만찬에서 구웨이쥔은 환영사를 했다. 탕샤오이는 대학 후배의 연설에 만족했다. 프린스턴대학 총장 윌슨(Thomas Wilson, 8년 후 미국 28대 대통령에 취임)과 만날 때 구웨이쥔을 데리고 갔다. 구웨이쥔은 윌슨에게도 깊은 인상을 남겼다.

귀국에 앞서 이혼부터

중화민국 최고의 외교관 구웨이쥔의 일생을 보면 외교관은 장가를 잘 가야 한다는 생각이 든다. 그렇고 그런 집안 사위가 됐다가는, 변두리만 맴돌다 매너 좋고 무책임한 훈수꾼으로 전락하기 십상이기 때문이다.

1911년 10월 10일 새벽, 호북신군(湖北新軍)이 반란을 일으켰다. 여러 성(省)이 동조했다. 청 제국은 고향에서 눈치만 살피던 북양(北洋)신군 설립자 위안스카이에게 손을 내밀었다. 제국의 실력자로 부상한 위안스카이는 혁명세력과 연합했다. 황제를 퇴위시키고 공화제를 선포했다. 대총통에 취임한 위안스카이는 수십 년간 호형호제(呼兄呼弟)하던 탕샤오이를 초대 내각총리에 임명했다. 탕샤오이는 위안스카이에게 구웨이쥔을 추천했다.

"미국에서 깊은 인상을 받았다. 총기가 넘치는 청년이다. 총통부 비서로 제격이다."

컬럼비아대학에서 박사논문에 열중하던 구웨이쥔은 본국의 동향에 촉각을 세웠다. 총리 탕샤오이가 자신을 모른 체할 리가 없었다. 귀국 요청은 시간문제라고 판단했다. 우선 부인 장(張) 씨에게 이혼을 제의했다.

"너나 나나 얼굴 한 번 못 보고 결혼했다. 첫날밤 나는 엄마 방에서 잠을 잤다. 그 후에도 그랬다. 할머니가 억지로 네 방에 집어넣었을 때, 너도 불편하고 나도 불편했다. 미국에 와서도 우리는 떨어져 살았다. 말이 부부지 콧김 한번 제대로 나눠본 적이 없다. 너도 그걸 당연시 여겼다. 나는 겨울날 네 손에 쥐어진 부채나 다름없다. 아무짝에도 쓸모없는 인간이다."

부인이 먼저 도장을 꺼내들었다.

27세에 주미대사로 변신, 벼락출세한 구웨이쥔

이듬해 2월, 구웨이쥔은 주미공사의 호출을 받았다. 총통부 비서로 임명됐다는 말을 듣자 호기를 부렸다.

"박사논문을 마치고 귀국하겠다."

탕샤오이는 귀국한 구웨이쥔을 위안스카이에게 데리고 갔다. 내각비서도 겸하게 해달라고 간청했다. 위안스카이는 고개를 끄덕였다.

"사위 삼기로 작정을 했구나."

구웨이쥔은 총통부와 내각을 분주히 오갔다.

탕샤오이는 야유회를 좋아했다. 딸 바오밍(寶明)과 베이징 교외에 갈 때마다 구웨이쥔을 불렀다. 바오밍은 어릴 때부터 서구식 교육을 받았지만, 구웨이쥔이 별로 내키지 않았다. 의아해하는 친구에게 이유를 밝혔다.

"매너가 너무 좋다. 뭔가 수상하다."

탕샤오이와 위안스카이의 밀월은 6개월 만에 끝났다. 총리직을 내던진 탕샤오이가 톈진으로 가자 구웨이쥔도 뒤를 따랐다. 톈진 조계의 영국호텔에 거처를 정하고, 틈만 나면 탕샤오이의 집에 찾아갔다. 탕샤오이는 구웨이쥔을 총애했다. 볼 때마다 충고를 아끼지 않았다.

"내 처신은 너와 상관없는 일이다. 무슨 일이 있어도 사직원을 제출하지 마라. 너는 일류 외교관 자질을 타고났다. 수단과 방법을 가리지 말고 외교부에 들어갈 궁리를 해라."

딸과 만날 기회도 어거지로 만들어줬다. 자주 보다 보면 정도 드는 법. 구웨이쥔과 바오밍은 단둘이 차도 마시고 시장도 같이 다녔다. 탕샤오이는 딸이 늦게 들어올수록 좋아했다.

탕샤오이의 권유로 귀경한 구웨이쥔은 외교부 비서도 겸임했다. 영국과 티베트 문제 담판에 참여하여 외교 능력을 인정받았다. 1913년, 25세 때였다. 그해 6월 3일, 상하이에서 바오밍과 결혼식을 올렸다. 두 사람의 결혼은 화젯거리를 남겼다. 원인 제공자는 탕샤오이였다. 원래 결혼일은 6월 2일이었다. 며칠을 앞두고 탕샤오이가 딸과 사위에게 사정했다.

"내가 깜빡했다. 2일은 내가 네 번째 부인을 맞는 날이다. 어쩌다 보니 장소도 같은 곳이다. 부녀가 같은 날 결혼식을 하는 것은 전통에 어긋난다. 유사 이래 이런 일이 없었다. 너희들이 3일이나 4일로 바꿔라."

구웨이쥔은 뾰족한 방법이 없었다. 바오밍은 뭇 여인들의 시샘을 받았다.

"왕징웨이(汪精衛), 메이란팡(梅蘭芳)과 함께 3대 미남인 청년 외교관을 어린애가 채갔다."

구웨이쥔은 고관 부인들에게 인기가 좋았다.

결혼 2년 후 구웨이쥔은 주미대사 임명장을 받았다. 27세, 세계 외교사상 최연소 미국대사였다. 구웨이쥔은 장인 덕을 톡톡히 봤다. 부임 첫 번째 가을, 미국 대통령 윌슨의 재혼식이 조촐하게 열렸다. 탕샤오이와 친분이 두터웠던 윌슨이 구웨이쥔과 바오밍에게 참석해 축하해 달라는 친필 편지를 보냈다. 대사 생활이 순조로울 수밖에 없었다. 맘만 먹으면 어느 때건 대통령 면담이 가능했다.

바오밍은 명이 짧았다. 결혼 5년 후 미국에서 29세로 세상을 떠났다. 구웨이쥔은 슬퍼할 틈도 없었다. 제1차 세계대전의 산물인 파리 강화회의에 중국 대표로 참석해 기염을 토했다. 패전국 독일이 누리던 산둥반도의 권익을 승전국 일본이 차지하려 하자 명연설로 중국인들을 감동시켰다.

"산둥은 쿵푸쯔(孔夫子, 공자)가 태어난 곳이다. 중국이 이곳을

1917년 가을, 아들과 함께
구웨이쥔과의 마지막 모습을 남긴 탕바오밍.

내버려둘 수 없는 이유는 기독교인들이 성지 예루살렘을 포기할
수 없는 것과 같다."

　바오밍의 빈자리를 인도네시아 화교의 딸 황후이란(黃蕙蘭)이
차지했다. 황후이란의 할아버지와 아버지는 엄청난 사람들이었다.
본인은 말할 것도 없었다.

중국의 실질적 퍼스트레이디 황후이란

"두 갈래 길이 있다.
어느 쪽을 택하건 너와 나를 가리지 말자."

실패한 반군 황즈신 '장사의 신'으로 제2의 인생

1850년 봄, 싱가포르 화교 천칭전(陳慶眞)이 귀국을 서둘렀다. 고향 푸젠으로 돌아와 소도회(小刀會)라는 혁명조직을 결성했다. 1년 후, 양광(광둥, 광시) 지역에서 태평천국(太平天國)이 반란을 일으켰다. 소도회도 덩달아 번성했다.

사숙(私宿)에서 경전만 읽던 푸젠 청년 황즈신(黃志信)은 소도회에 흥미를 느꼈다. 마을 입구에 "두 갈래 길이 있다. 어느 쪽을 택하건 너와 나를 가리지 말자. 사방이 허공이다. 서쪽으로 갈 사람은 서쪽으로 가고, 동쪽으로 갈 사람은 동쪽으로 향하자"고 크게 써붙였다. 제 발로 소도회를 찾아갔다. 18세 때였다. 황즈신은 5년간 전쟁터를 누볐다. 물자조달 능력이 뛰어났다. 태평천국도 실패하고 소도회도 뜻을 이루지 못했다.

수배자 신세가 된 황즈신은 갈 곳이 없었다. 작은 배에 올라 망망대해를 떠돌았다. 해안선은 보이지 않았다. 배 안에 화약이 한 상자 있었다. 절명의 위기에 처하자 품 안에 있던 향(香)에 불을 댕겼다. 하늘을 향해 외쳤다. "내 명이 오늘까지라면, 배가 불타고 물고기

밥이 돼도 원망하지 않겠다. 그렇지 않다면, 나를 안전한 곳으로 인도하기 바란다"며 향을 화약상자에 꽂았다. 흐린 하늘, 습기가 많다 보니 향불은 오래가지 않았다. 죽을 팔자가 아니라는 생각이 들자 맘이 편했다.

순풍을 타고 도착한 곳이 네덜란드의 식민지 자바였다. 자바에는 화교가 많았다. 이왕 죽은 거나 진배없던 몸, 못할 일이 없었다. 화교가 운영하는 잡화상에 일자리를 구했다. 주인은 밤낮 가리지 않고 열심히 일하는 고향 청년을 총애했다. 싫다는 외동딸을 억지로 황즈신의 방 안에 밀어넣었다.

"잡아먹든 삶아먹든 네 맘대로 해라."

반란군의 살림을 도맡아 하던 황즈신은 경영에 소질이 있었다. 6년 만에 잡화상을 번듯한 기업으로 탈바꿈시켰다. 특산품 사탕수수와 연초를 중국에 수출하고, 비단과 차, 향료 등을 수입해 부를 축적했다. 1901년, 황즈신은 미화 700만 달러를 남기고 세상을 떠났다. 당시 700만 달러는 천문학적인 액수였다.

걸물 황중한의 딸 황후이란

기업 경영은 장남 중한(仲涵)에게 맡겼다. 차남에게는 재산을 떼어주며 형 회사 근처에 얼씬도 하지 말라는 유언을 남겼다. 황중한은 걸물이었다. 공인된 부인만 18명이었고, 그중 세 명은 친자매였다. 부인 중에는 모녀지간도 있었다. 그럴 만한 사정이 있었다. 젊은 시절 도박에 빠진 적이 있었다. 한번은 아버지 심부름으로 빌려준 돈을 받으러 갔다가 도박장 앞에서 발길을 멈췄다. 받은 돈을 다

날리자 바닷가로 갔다. 투신할 작정이었다. 죽기 전에 만나고 싶은 여인이 있었다. 딸과 같이 사는 예쁜 과부였다. 나이는 십여 살 위로 한 달에 한두 번 만나던, 그렇고 그런 사이였다. 황중한을 좋아하던 과부는 남편의 유산을 한 푼도 남기지 않고 건넸다.

"훗날 우리 모녀를 모른 체하지 말기 바란다."

황중한은 한번 한 약속은 손해를 봐도 지키는 사람이었다. 세상 일에도 소홀히 하지 않았다. 지하조직과 혁명가들에게 자금 지원을 아끼지 않았다. 공화주의자 차이어(蔡鍔)가 위안스카이에게 반기를 들었을 때 제일 먼저 거금을 쾌척한 사람이 황중한이었다. 공익사업에도 관심이 많았다. 중국인이 있는 곳이라면, 본인도 기억하지 못할 정도의 화교학교를 동남아 곳곳에 설립했다.

자바의 서양인들은 중국인을 멸시했다. 돼지라고 부르며 중국인 지역을 벗어나지 못하게 했다. 황중한은 중국인, 특히 한족이라는 자부심이 강했다. 재력과 지혜를 동원해 금기를 깼다. 네덜란드 귀족 출신 변호사를 고용해 총독과 교류를 트고, 여왕이 파견한 자바 주재 대표도 구워삶았다. 중국인 최초로 서양인 거주 지역에 상호를 내걸고 저택도 지었다. 정원사 50여 명이 모자랄 정도의 대저택이었다.

구웨이쥔의 셋째 부인 황후이란은 황중한의 조강지처 웨이(魏)씨 소생이었다. 황중한은 혈통을 중요시했다. 황후이란의 회고록한 구절을 소개한다.

"아버지는 자식이 태어나면 손가락부터 살피는 습관이 있었다. 새끼손가락이 살짝 휘어야 친자식으로 여겼다. 멀쩡하면 황씨가 아니라고 단정했다. 내 새끼손가락은 정상이었다. 그래도 나를 친자식으로 인정한 것은 엄마 때문이었다. 아버지는 엄마가 남의 집 문지방을 넘어본 적이 없다고 굳게 믿었다. 런던에서 구웨이쥔과 결혼한 후 베이징에 갈 일이 있었다. 도중에 페낭에서 잠시 하선했다. 두 여인이 내 어깨를 치며 반가워했다. 누구냐고 물었더니 내 동생이라고 했다. 자세히 보니 새끼손가락이 휘어 있었다. 아버지의 열여덟 번째 부인 아들은 미국에서 다른 부인의 손녀와 열애에 빠졌다. 남자의 아버지가 여자애의 할아버지인 셈이었다. 두 사람은 미국에서 결혼이 불가능했다. 네덜란드까지 달려가 결혼수속을 밟았다. 우리 집안은 이 정도로 엉망이었다."

구웨이쥔과 황후이란은 영국에서 처음 만났다.

"두 번의 결혼도 우리 집안에서는 흠이 아니다"

황중한의 조강지처 웨이 씨는 첫딸 황후이란을 애지중지했다. 세 번째 생일날 80캐럿짜리 다이아몬드가 박힌 목걸이를 걸어줄 정도였다. 황중한도 딸이 원하는 건 뭐든지 사줬다. 사설 동물원에 딸이 좋아하는 곰·사슴·공작·원숭이가 그득했다. 황중한은 학교 교육을 경멸했다. 교사들을 초빙해 딸 교육을 맡겼다. 그 덕에 황후이란은 어릴 때부터 네덜란드어와 말레이시아어를 능숙하게 구사했다. 좋은 선생에게 붓글씨를 익히고, 음악과 미술도 배웠다. 프랑스어와 영어도 막힘이 없었다. 승마는 아버지에게 직접 사사했다.

1921년 10월, 국제연맹 이사회 의장 시절,
중국에 있던 외국의 조계 회수와 영사재판권 취소,
관세 자주권 협의를 하기 위해 워싱턴에 도착한
구웨이쥔(오른쪽)과 셋째 부인 황후이란.
왼쪽은 수석대표로 참석한
대리원(大理院, 대법원에 해당) 원장 왕충후이(王寵惠).

웨이 씨는 남편이 열여덟 번째 부인을 들여놓자 자바를 떠나기로 작심했다. 딸에게도 동행을 권했다.

"네 아빠는 영락없는 중국사람이다. 중국문화는 사람의 지혜와 발전을 속박한다. 나는 유럽으로 갈 작정이다. 너도 열여덟에 접어들었다. 함께 가서 새로운 자양분을 섭취하자."

황중한은 말리지 않았다.

"가고 싶은 곳 원 없이 다녀라. 돈은 얼마든지 보내주겠다."

런던에 자리 잡은 웨이 씨는 딸에게 운전과 사교춤을 가르쳤다. 황후이란은 춤에 소질이 있었다. 롤스로이스를 타고 승마장에 나타날 때마다 귀족집안 자제들의 눈길을 끌었다. 웨이 씨는 프랑스를 자주 출입했다. 파리에 친정 여동생이 있었다.

1918년 11월, 유럽 전선에 포성이 그쳤다. 이듬해 1월, 제1차 세계대전을 뒤처리하기 위한 회의가 파리에서 열렸다. 중국 대표 구웨이쥔은 회의 끝 무렵 두 번째 부인을 잃었다. 홀아비 되기가 무섭게 "교통부장 차오루린(曹汝霖)의 딸과 재혼이 임박했다"는 소문이 나돌았다. 차오루린이 친일파로 몰려 곤욕을 치를 때였다. 구웨이쥔은 소문을 무시했다. 대신 신붓감 물색을 서둘렀다. 하루는 친구 집에 저녁 초대를 받았다. 피아노 위에 걸쳐놓은 젊은 여자의 사진에 눈이 갔다. 친구는 "집사람 언니의 딸"이라며 불필요한 말도 한마디 했다.

"실물이 사진보다 예쁘다. 지금 이탈리아를 여행 중이다. 파리에 오면 만나봐라."

구웨이쥔은 물고 늘어졌다. 이것저것 캐물었다. 친구의 부인은

주영공사 시절,
외교총장 취임을 앞두고
일시 귀국한 구웨이쥔(앞줄 가운데).
1922년 5월, 상하이.

눈치가 빨랐다. 언니에게 편지를 보냈다.

"구웨이쥔이 후이란에게 관심이 많다."

동생의 편지를 받은 웨이 씨는 남편에게 편지를 보냈다. 답장이 가관이었다.

"중국은 약소국이다. 약한 나라는 외교라는 게 없다. 중국 외교 관이라면 꼴도 보기 싫다. 게다가 결혼을 두 번씩이나 했던 놈이다. 그러고 다니려면 빨리 돌아와라."

웨이 씨도 답신을 보냈다.

"국력이 약할수록 훌륭한 외교관이 필요하다. 파리 강화회의에 서 중국의 불이익을 강요하는 결의문에 서명을 거부한 사람이다. 두 차례 결혼 경력도 우리 집안에선 흠이 아니다."

처칠 "중국의 실질적 퍼스트레이디 출현을 축하"

웨이 씨는 딸을 데리고 파리로 갔다. 황후이란은 이모와 이모부 가 주최한 파티에서 구웨이쥔의 옆자리에 앉았다. 젊은 외교관의 첫인상은 신통치 않았다. 늙은 티를 내고, 의상도 평범했다. 런던이 나 베네치아에서 만났던 남자 친구들에 비하면 빠져도 한참 빠졌 다. 춤추자는 말도 안 하고 승마에도 관심이 없었다. 운전까지 못 한다고 하자 황후이란은 '매력 없는 사람'이라고 단정했다. 참석자 들의 존경을 한 몸에 받는 이유가 궁금했다. 황후이란은 정치나 중 국 문제에 관심이 없었다. 파리 강화회의와 중국 대표단, 국제연맹 같은 용어들이 난무하자 정신이 없었지만, 분위기가 무르익을수록 옆에 있는 남자에게 위축됐다. 훗날 영문 회고록에 구웨이쥔과의 첫 만남을 구체적으로 기술했다.

"내가 무슨 말을 하고, 무슨 행동을 하건 그 사람은 용기를 잃지 않았다. 자신의 신상은 물론이고 업무에 관한 얘기도 입에 올리지 않았다. 내 생활에만 관심을 표명했다. 연회가 끝나기도 전에 나는 그 사람에게 넋을 잃었다. 그가 이끄는 대로 한적한 창가에 서서 파리의 야경을 감상했다. 나 말고 다른 여자에게도 그러면 어쩔까 걱정이 됐다."

구웨이쥔은 머리가 잘 돌아갔다. 황후이란에게 비싼 선물은 의미가 없었다. 만날 때마다 사탕과 꽃을 거르지 않았다. 하루에 몇 번씩, 그것도 불시에 찾아가는 날이 허다했다. 황후이란은 구웨이쥔이 언제 올지 예측이 불가능했다. 아침부터 단장하고 연락을 기다렸다. 프랑스 정부는 구웨이쥔에게 차량과 기사를 제공했다. 황후이란은 이것도 신기했다.

"집안에 있는 차는 모두 돈 주고 구입한 것들이다."

한번은 오페라 구경을 갔다. 국빈들이나 앉는 자리에서 관람한 황후이란은 황홀했다.

"아버지도 누리지 못하는 영광이었다. 버킹엄궁과 백악관, 엘리제궁에서 겪은 일을 들을 때는 가슴이 뛰었다. 구웨이쥔이 추구하는 것은 아버지의 재산이 아닌 바로 나라는 생각이 들었다. 뭘 줘도 아깝지 않은 사람이라고 단정했다."

1920년 10월, 영국공사에 임명된 구웨이쥔은 1개월 후 황후이란과 런던에서 결혼식을 올렸다. 영국의 육군상과 해군상을 겸한 처칠이 전문을 보냈다.

"중국의 실질적인 퍼스트레이디의 출현을 축하한다."

아버지의 돈으로 유럽 사교계 평정하는 황후이란

황중한의 부(富)는 상상을 초월했다. 세계에 널려 있는 화교 사업가 중에서 첫 손가락을 꼽고도 남을 정도였다. 재산 축적 과정에서 현지 관료들의 도움을 받았지만, 공직자들을 사람 취급하지는 않았다.

"도둑놈 아닌 놈이 단 한 명도 없다."

외교관에게는 더 심했다.

"입만 살아 있는 자들이다."

첫 부인 웨이 씨가 딸 후이란을 외교관 구웨이쥔에게 출가시키려 하자 황중한은 탐정을 고용했다.

"베이징·상하이·런던·파리·워싱턴·뉴욕 등 구웨이쥔이 머물던 곳을 뒤져라. 여자관계를 철저히 조사해라."

만족할 만한 결과가 나왔다.

"최근에 세상 떠난 탕샤오이의 딸은 두 번째 부인입니다. 이혼한 첫 번째 부인이 상하이에 있습니다."

남편의 편지를 받은 웨이 씨는 동요하지 않았다.

"나도 익히 알고 있다."

황중한이 구웨이쥔을 반대한 이유는 세 가지였다.

"너무 가난하고 돈이 없다. 이런 사람이 공직에 있다 보면 사고

외교총장 부인 시절의 황후이란.
1922년 8월, 베이징.

치기 쉽다. 이혼한 부인이 아직 혼자 산다. 탕샤오이의 딸과 결혼하기 위해 엉뚱한 재주를 부렸을지 모른다. 거짓말을 잘해야 유능한 외교관이다. 구웨이쥔은 그러고도 남을 사람이다."

웨이 씨는 고집을 꺾지 않았다. 이유도 그럴듯했다.

"구웨이쥔은 보통 외교관이 아니다. 국제사회에 모르는 사람이 없다. 나는 용(龍)띠고 남편은 호랑이(虎)띠다. 용호상박, 말이 부부지 서로 양보한 적이 없고, 얼굴만 봤다 하면 싸우지 않은 적이 단 한 번도 없었다. 구웨이쥔과 후이란은 돼지(猪)와 호랑이, 백발이 될 때까지 해로할 최고의 궁합이다."

황중한은 딸의 결혼식에 참석하지 않겠다고 엄포를 놨다. 웨이 씨는 "오건 말건 맘대로 하라"며 신경도 안 썼다.

황후이란은 외교관 부인으로 손색이 없었다. 영어와 불어를 자유롭게 구사하고, 적응력도 뛰어났다. 권력의 속성과 복잡한 국제정치를 이해하기까지 오랜 시간이 걸리지 않았다.

황중한은 별난 사람이었다. 사위는 꼴 보기 싫어했지만, 딸에게는 거금을 쏟아부었다. 당시 서구의 대사들은 부호가 많았다. 중국은 정반대였다. 십중팔구, 주머니가 넉넉하지 못했다. 부인들도 친정이 그저 그랬다. 정부의 지원도 미약했다. 매달 나오는 600달러 외에 파티비용이 따로 나왔지만, 몇 푼 안 됐다. 구웨이쥔은 예외였다. 황후이란의 담담한 회고를 소개한다.

"아버지는 우리가 필요한 것을 모두 채워줬다. 외교는 돈이다. 이왕 외교관과 결혼했으니 어쩔 수 없다며 달마다 큰돈을 보내

구웨이쥔의 부인 시절, 네덜란드를 방문해
베아트릭스(Beatrix Armgard) 여왕 모녀와
환담하는 황후이란.
연도 미상.

줬다. 그 덕에 가고 싶은 곳이면 어디든 다닐 수 있었다. 나는 온 몸에 보석을 휘감고, 최고의 디자이너가 만든 옷을 하루에도 몇 번씩 갈아입었다. 남편의 예복도 영국에 직접 주문했다. 엄마가 결혼 선물로 사준 롤스로이스를 다들 부러워했다. 중국 부인들 이 진입하기 힘들다는 서구 귀부인들의 사교 모임도 별게 아니 었다."

사비를 털어 호화로운 대사관을 짓다

황후이란은 하루가 멀게 크고 작은 파티를 열었다. 호화로움에 참석자들은 벌린 입을 다물지 못했다. 오죽했으면 구웨이쥔이 불 만을 토로할 정도였다.

"나는 내 능력껏 네게 장신구를 사줬다. 파티에 참석한 부인들이 너를 부러워할 때마다 곤혹스럽다. 이러다 보면 다들 나를 의심한 다. 앞으로는 내가 사준 것들만 착용해라."

황후이란은 자신의 방법을 고집했다.

"결혼 전에는 정치나 외교에 관심이 없었다. 나는 바보가 아니 다. 중국이 국제사회에서 어떤 대접을 받는지 비로소 알았다. 풍족 하지 못하면 저들이 우리를 무시한다. 다른 나라 외교관 부인들의 콧대를 꺾어놓으려면 어쩔 수 없다."

파리의 중국대사관은 볼품이 없었다. 구웨이쥔이 대사 발령을 받자 황후이란은 "사비로 대사관을 짓겠다"며 부지를 물색했다. 중국 정부도 반대하지 않았다. 건축 비용은 물론이고, 내부시설도 황후이란이 부담했다. 구웨이쥔은 "사비를 들였지만 완성되면 국가 소유가 된다. 대사를 그만둘 때 우리가 구입한 고가의 가구나 장식물도 들고 나갈 수 없다"고 말렸다. 황후이란은 "알고 있다"며 끄떡도 안 했다. 비슷한 일이 한두 번이 아니었다. 훗날 쑹메이링도 황후이란의 공로를 잊지 않았다.

"수많은 대사 부인 중 황후이란과 견줄 사람은 없었다. 우리는 황후이란의 공적을 잊어서는 안 된다."

결혼 2년 후인 1922년 여름, 중국 정부는 구웨이쥔을 외교총장에 임명했다. 남편 따라 귀국한 황후이란은 싱가포르에서 열일곱 번째 부인과 노년을 보내는 아버지에게 편지를 보냈다.

"일국의 외교를 관장하는 사람이 관저가 없다. 베이징의 톄스쯔(鐵獅子)후퉁(胡同, 골목)에 유서 깊은 저택이 있다. 명나라 말기, 산하이관을 지키던 오삼계(吳三桂)의 애첩 진원원(陳圓圓)이 살던 사연 많은 집이다. 방도 200개 정도 된다. 이 정도면 총장 관저로 적합하다. 구입하고 싶다."

황중한은 한술 더 떴다.

"집만 구입해서 뭐하냐. 내부를 현대식으로 바꾸고, 난방과 위생 시설도 서구식으로 개조해라."

수리가 끝나기도 전에 구웨이쥔이 외교총장직에서 물러날 줄은 상상도 못 했다.

삐걱거리는 관계

황후이란은 톄스쯔후퉁의 저택에서 연일 파티를 열었다. 해만 지면 베이징에 주재하는 각국의 외교관들이 몰려들었다. 정부는

구웨이쥔은 50여 년간 1급지 대사와
외교총장을 역임했다. 국무총리도 세 차례 맡았다.
이런 기록은 영국의 처칠 외에는 없다.
1946년 7월, 파리 강화회의에 참석한
구웨이쥔과 처칠(앞줄 왼쪽 둘째와 셋째).

1930년 여름, 모나코 몬테카를로 해변에서
휴가를 보내는 황후이란(오른쪽 첫째).
오른쪽 둘째가 20여 년 후 구웨이쥔의
넷째 부인이 되는 옌유윈(嚴幼韵).

구웨이쥔의 외교력을 무시하지 못했다. 다시 외교총장에 기용했다. 사직 9개월 만이었다.

정국은 한 치 앞을 예측하기 힘들었다. 소련과 손잡은 남방의 혁명세력은 군사력을 배양하기 위해 군관학교를 설립하고, 북방의 군벌들은 수도 베이징을 넘봤다. 구웨이쥔의 집에도 폭탄이 터졌다. 1924년 10월, 베이징에 군사정변이 일어났다. 구웨이쥔은 톈진으로 몸을 피했다. 정변의 주역들은 쑨원을 베이징으로 초빙했다. 쑨원은 황후이란의 저택에서 세상을 떠났다.

구웨이쥔에게 톈진은 추억의 도시였다. 틈만 나면 전처 탕바오밍과 거닐던 길을 산책하고, 함께 다니던 찻집 구석에 멍하니 앉아 시간을 보냈다. 고향이 군벌들의 전쟁터로 변하자 안절부절 어쩔 줄을 몰랐다. 직접 내려가 탕바오밍의 시신을 구씨 종사(宗祠)에 안치하자 마음이 놓였다.

황후이란은 뭐가 뭔지 정신이 하나도 없었다. 구웨이쥔에게 대놓고 투정했다.

"중국이 이런 나라인 줄 몰랐다. 조용한 날이 단 하루도 없다. 무서워서 못살겠다. 어떻게 된 사람들이 얼굴에 표정이 없다. 머릿속에 뭐가 들어 있는지, 무슨 생각을 하는지 모르겠다. 세상에 특출난 사람은 없다. 남들이 그렇게 볼 뿐이다. 나도 평범한 사람이다. 어쩌다 보니 대부호의 딸로 태어났지만, 아버지의 부를 계승한다는 생각은 해본 적이 없다. 나를 그냥 한 명의 여자로 대해주기 바란다."

하기 힘든 말도 했다.

"우리는 공식적인 장소 외에 함께 외출한 적이 없다. 탕바오밍은 현명했던 여자라고 들었다. 나는 부모에게 많이 의지하는 편이다. 내게서 우리 부모의 흔적을 지워버려라. 아버지는 나를 너무 총애했다. 내가 커서 귀부인이 되기를 갈망했지만 후처가 되기는 바라지 않았다. 금전이 모든 것을 지배한다는 생각은 착각이다. 남녀 간의 감정도 마찬가지다. 아버지를 실망시키고 싶지 않다. 나의 사치와 방종을 모른 체해라. 나도 간섭하지 않겠다."

구웨이쥔은 전쟁으로 폐허가 된 고향을 복구하는 데 나섰다. 황후이란도 기부금을 쾌척했다. 그해 겨울 황중한이 싱가포르에서 세상을 떠났다. 딸 후이란에게 거액의 유산을 남겼다. 황후이란은 베이징에 인접한 톈진이 싫었다. 구웨이쥔이 상하이로 가겠다고 하자 짐을 꾸렸다. 상하이는 별천지였다. 두 사람 모두 이성(異性)에게 인기가 있었다. 구웨이쥔은 유부녀를 좋아했다. 황후이란은 연하의 청년들과 자주 어울렸다. 검증할 방법이 없는 소문이 나돌았다.

"장쉐량과는 한 번 만나면 다섯 끼를 같이 먹는 사이다. 황후이란은 장쉐량을 홀려낸 쑹메이링을 싫어했다. 쑹메이링의 언니 쑹칭링과는 가까웠다. 쑹칭링은 황후이란의 도움을 많이 받았다. 옷도 입으라는 것만 입었다."

상하이 상류사회 여인들은 황후이란을 따라 하느라 분주했다. 황후이란이 안고 다니는 애완견 가격이 폭등하고, 금붕어를 키우기 시작하면 백화점은 프랑스에 신상품을 주문했다. 황후이란은 구웨이쥔과 탕바오밍 사이에 태어난 자녀들도 친자식처럼 돌봤다. 구웨이쥔이 내각총리에 임명된 후에도 상하이를 떠나지 않았다.

상하이 시절의 황후이란.

구웨이쥔, 베이징 접수한 장제스 피해 국외 탈출

1927년 1월, 광저우의 혁명정부가 우한으로 천도했다. 혁명의 중심지로 변한 우한은 반(反)영국 정서가 강했다. 반영(反英)운동이 발발하자 구웨이쥔은 정치력을 발휘했다. 영국 조계를 회수하고 중국의 세무를 총괄하던 영국인을 파면했다. 1865년 벨기에와 맺은 불평등 조약도 일방적으로 폐기를 선언했다. 혁명세력은 외교관 출신 총리에게 갈채를 보냈다.

중국 최대의 공업도시에 혁명의 회오리가 몰아쳤지만 다 그런 것은 아니었다. 무명의 후난 청년 마오쩌둥은 정반대의 길을 향했다. 혈혈단신, 터덜터덜 농촌 조사를 떠났다. 상황이 상황이다 보니 동북에서 정국을 주시하던 장쭤린(張作霖)은 병력을 남쪽으로 이동시켰다. 2개월 후인 1927년 6월, 베이징에 입성해 새 정권을 출범시켰다. 구웨이쥔에게는 총리직 유임을 요청했다. 이 현명한 외교관은 장쭤린 정권의 수명이 오래갈 거라고 보지 않았다. 베이징 교외에 칩거하며 자문에만 응했다. 수확도 있었다. 장쉐량과 돈독한 관계를 맺고, 쑹쯔원(宋子文) 형제와는 한집안처럼 지냈다.

장쭤린은 베이징에서 1년도 버티지 못했다. 1928년 6월, 장제스가 지휘하는 국민혁명군이 베이징에 입성했다. 베이징 정부의 요직을 거친 구웨이쥔에게 체포령을 내렸다. 베이징을 탈출한 구웨이쥔은 중국을 떠났다. 황후이란은 톈진에서 연락을 기다렸다. 제네바에 안착했다는 연락을 받자 바쁘게 움직였다. 구웨이쥔 부부는 파리에서 합류했다. 보고를 받은 장제스는 톄스쯔후퉁의 집을 몰수해버렸다. '쑨원기념관'으로 이보다 적합한 장소가 없었다.

구웨이쥔(오른쪽)은
장제스의 처남 쑹쯔원(가운데)과 친했다.
1943년 가을, 런던.

어떤 정권이 들어서건 외교는
구웨이쥔(왼쪽 다섯째)의 몫이었다.
구웨이쥔의 생일 잔치에 초청받은 쑹쯔원 형제들.
1946년, 뉴욕.

쑹쯔원(앞줄 왼쪽 여섯째)과 함께
중국 대표단을 이끌고 유엔헌장 작성 회의에
참석한 구웨이쥔(앞줄 왼쪽 다섯째).
앞줄 왼쪽 두 번째는 중공 대표 둥비우.
1945년 4월, 샌프란시스코.

외교관의 아내 옌유윈

> "남편은 중국의 1세대 외교관으로 손색이 없었다.
> 오랜 세월 원망도 많았지만 정이 더 깊다."

정치는 '불가근불가원'不可近不可遠

장제스의 국민혁명군이 베이징에 입성하기 전, 중국의 국가원수는 장쭤린이었다. 장쭤린은 국제무대에서 보여준 구웨이쥔의 능력을 높이 샀다. 무슨 자리건 맡아달라고 사람을 보냈다. 번번이 거절당하자 꾀를 냈다.

"외교는 눈에 보이지 않는 전쟁이라고 들었다. 나는 이런 전쟁은 할 줄 모른다. 외교사절과 접견하는 자리에는 참석해주기 바란다. 국가의 이익이 걸린 문제다."

구웨이쥔은 거절할 명분이 없었다. 두 사람의 관계는 장쭤린이 동북으로 돌아갈 결심을 하기 전까지 계속됐다. 장쭤린과의 왕래가 빈번하다 보니, 장쉐량과도 저절로 알게 됐다. 장쉐량은 열두 살 위인 구웨이쥔을 잘 따랐다. 골프장은 물론이고 여자 친구 만날 때도 같이 가곤 했다. 여자 취향이 제 각각이라 마찰은 없었지만, 황후이란만은 예외였다. 장쉐량의 호기심과 황후이란의 끼가 화근이었다. 구웨이쥔은 모른 체했다.

"부인들이 뭐하고 다니는지 아는 사람은 세상 천지에 없다. 나는 내 눈으로 본 것이 아니면 믿지 않는다."

장쭤린이 일본군에게 폭살당한 후 아들 장쉐량이 동북의 대권을 장악했다. 장제스와 연합해 전국의 2인자로 부상한 장쉐량은 캐나다에 정착한 구웨이쥔에게 귀국을 종용했다.

"체포령은 형식에 불과하다. 돌아올 준비를 해라. 부인도 꼭 데리고 와라."

장제스도 국제사회에서 인정받는 외교관을 물색할 때였다. 장쭤린·장쉐량 부자와 구웨이쥔의 관계도 잘 알고 있었다. 장쉐량의 청을 거절할 리가 없었다.

"외교 문제가 산적해 있다. 정부를 위해 일할 생각이 있다면, 명예회복을 책임지겠다."

구웨이쥔은 장쉐량의 통치 지역인 베이징으로 귀국했다. 장제스의 중앙정부가 있는 난징엔 갈 생각도 안 했다. 선양과 베이다이허를 오가며 자문에만 응했다.

구웨이쥔의 생모가 상하이에서 세상을 떠났다. 장례를 치르기 위해 내려온 구웨이쥔은 상하이 시장이 빈소를 지키는 것을 보고 의아했다. "장제스 위원장의 지시를 받았다"는 말을 듣자 머리가 복잡했다. 장례를 마치자 시장이 설득에 나섰다.

"나와 함께 난징으로 가자. 체포령도 이미 철회했다."

구웨이쥔은 고개를 흔들었다. 난징에서 달려온 쑹메이링과 쑹쯔원 남매도 외교와 정치에서 손을 떼겠다는 외교 귀재의 고집을 꺾지 못했다.

"나는 외교 문제에만 관심이 있는 사람이다. 외교는 국가의 이익

만 염두에 두면 된다. 정치는 당파의 이익만을 추구해도 뭐랄 사람
이 없다. 정치에는 흥미를 느껴본 적이 없다. 외교가 각 정파의 이익
에 휘둘리는 것이 중국의 현실이다. 더 이상 끼어들고 싶지 않다."

'전당포 점원' 옌신허우, 중국 최대 은행 1인자 되다

이 무렵, 상하이의 다화호텔(大華飯店)에서 결혼식이 열렸다. 하
객의 면면이나 규모가 2년 전 같은 곳에서 열린, 장제스와 쑹메이
링의 결혼식에 버금갈 정도였다. 청년 시절, 신부 할아버지에게 도
움받은 적이 있던 구웨이쥔도 초청을 받았다.

신랑 양광성(楊光洺)은 국민정부의 외교부 상하이 주재원, 2년
전인 스물일곱 살 때 칭화대학 국제법 교수와 외교부 고문을 역임
한 당대의 준재였다. 삐쩍 말라 보였지만, 프린스턴대학 유학 시절
골프와 테니스 대회에서 우승을 독차지할 정도로 건장했고, 성격
도 좋았다. 사교성은 두말할 것도 없었다. 대형 비단공장을 운영하
던 아버지는 이 아들을 자랑스럽게 여겼다. 어릴 때부터 입만 열면
아들에게 일렀다.

"자라서 구웨이쥔 같은 외교관이 되라. 외교는 별게 아니다. 남
녀관계와 흡사하다. 역사에 이름을 남긴 외교관들은 한결같이 여
자 다루는 솜씨가 탁월하고 뒤처리가 깔끔했다. 플레이보이 기질
이 없는 사람은 외교관 자질이 없다. 구웨이쥔을 본받아라. 돈은 내
가 대마."

신부 옌유윈은 옌신허우(嚴信厚)의 손녀였다. 저장 성 닝보(寧
波) 출신인 옌신허우는 어릴 때부터 자립심이 강했다. 고향의 전당

옌유원과 양광성의 결혼식.
신부 왼쪽 뒤 남자가 옌쯔췬.
신랑 양광성의 뒤는
중국 최초의 IOC 위원인
국무총리 왕정팅(王正廷).
1929년 9월 8일, 상하이.

포 점원을 거쳐, 열일곱 살 때 상하이에 나와 금은방에 일자리를 구했다. 제대로 배운 적이 없는 옌신허우가 직예총독 이홍장에게 발탁된 배경은 미궁투성이다. 당대의 권력자에게 신임을 받은 시골 청년은 부동산과 무역에 눈을 떴다. 베이징과 상하이, 광저우의 요충지에 닥치는 대로 부동산을 구입하고 상하이에 눌러 앉았다. 옌신허우는 방직과 제분에도 손을 댔다. 현대식 기계를 갖춘 중국최초의 기업인이기도 했다. 중국 최대의 금융기관인 통상은행(通商銀行)의 초대 총장도 옌신허우 외에는 마땅한 인물이 없었다. 상하이 상공회의소 초대 주석도 마찬가지였다. 옌신허우는 자손이 귀했다. 옌유원의 아버지 옌쯔쥔(嚴子均)은 버는 것보다 쓰기를 좋아했다. 자선사업가로 청사에 이름을 남길 정도였다. 결벽증도 심했다. 자녀들에게 한 번 입은 옷은 다시 못 입게 했다. 친구도 적었다. 훗날 사위가 되는 구웨이쥔과 장쒜량 외에는 가까이 지내는 사람이 거의 없었다.

손금 탓에 남친에게 딱지 맞은 갑부의 손녀 옌유원

1923년 가을, 상하이의 유명 출판사에 준수한 광둥 청년이 입사했다. 나이는 23세. 워낙 말단이다 보니 제대로 된 책 편집에는 끼어들 엄두도 못 냈다. 그림에는 소질이 있었다. 아동도서 편집실에서 온갖 눈치를 보며 도안에만 매달렸다. 만드는 책마다 실패했다. 여직원들 사이에는 인기가 좋았다. 경리 직원은 은행에 갈 때마다 이 청년을 데리고 다녔다. 상하이 여자상업은행 이사회 회장은 아이들 책을 좋아하는 40대 초반의 과부였다. 우연히 은행에 나왔다

상하이 상무총회(商務總會) 회장 시절의 옌신허우.
중국 동남부 제1의 부호였다.

가 탐스러운 청년을 발견했다. 먼저 말을 걸었다. 청년은 여인이 들고 있는 책을 보자 얼굴이 빨개졌다. 몇 달 전, 자신이 직접 만든 책이었다. 은행 회장과 젊은 출판사 직원은 취향이 비슷했다. 같이 차마시고, 산책도 자주 했다. 청년은 화보(畵報)에 관심이 많았다. 산전수전 다 겪은 여 회장은 사람 보는 눈이 남달랐다.

"자금을 댈 테니 하고 싶은 대로 해 봐라. 네가 뭘 하건 입도 벙긋 안 하겠다."

1926년 2월, 첫선을 보인 『양우화보』(良友畵報)는 찍기가 무서웠다. 3일 만에 초판이 매진되고, 재판·3판도 순식간에 가판대에서 모습을 감췄다. 1945년 10월, 정간되기까지 단 한 번도 재고가 남은 적이 없었다. 당시 지식인들은 화보를 멀리했다. 『양우화보』만은 예외였다. 겨드랑이에 끼고 거리를 활보하기까지 오랜 시간이 걸리지 않았다. 독자들은 화보의 품격에 만족했다. 화보에 등장하는 사람들은 남녀불문, 가는 곳마다 얘깃거리를 몰고 다녔다. 실린 인물들에 관한 반응도 "실릴 만한 사람이 실렸다"며 한결같았다. 옌신허우의 손녀 옌유윈과 젊은 외교관 양광성의 결혼도 마찬가지였다.

옌유윈은 1919년, 열네 살 때 톈진의 외국인학교에 입학했다. 4년 후, 집안이 상하이로 이사한 후에도 톈진에서 학업을 계속했다. 미션스쿨이다 보니 규율이 엄했다. 주말만 되면 엄마가 프랑스 요리사를 데리고 톈진으로 왔다. 2014년 가을, 109세 생일을 앞둔 옌유윈은 당시를 회상했다.

신혼시절의 옌유윈이
당시로서는 최고급 차량에 올라타 있다.
1929년 11월, 런던.

양광성(왼쪽 첫째)과 옌유윈이
장스윈(蔣士雲, 오른쪽 둘째) 부부와
뱃놀이를 즐기고 있다.
1933년 가을, 제네바.

"엄마는 돌아다니기를 좋아했다. 움직일 때마다 일꾼 수십 명을 몰고 다녔다. 파티라면 빠지는 법이 없었다. 한번은 엄마 따라 파티에 간 적이 있었다. 요란한 파티였다. 상석에 앉아 있던 외교 총장 구웨이쥔과 장쉐량이 아버지와 친구 사이라며 다가와 악수를 청했다. 구웨이쥔은 그저 그랬고, 장쉐량은 총기가 넘쳐 보였지만, 피차 흥미를 느끼지 못했다. 두 사람 모두, 훗날 나의 좋은 친구가 될 줄은 상상도 못 했다. 어른들은 어른들끼리 어울리고, 애들은 애들끼리 어울렸다. 외교관 장뤼푸(蔣履復)의 넷째 딸 장스윈도 이날 처음 만났다. 나보다 일곱 살 어린 장스윈은 나를 친언니 이상으로 따랐다. 장쉐량이 평생 만난 여인 중 가장 사랑스러운 여자였다는 회고를 남길 정도로 지혜와 애교를 겸한 재원이었다."

1925년 여름, 상하이의 후장(滬江)대학이 여학생 모집 공고를 냈다. 옌유윈은 엄마의 미국유학 권고를 뿌리쳤다. 후장대학 여학생 기숙사는 악명이 높았다. 해만 지면 외출을 금지하고, 남학생 방문은 어느 시간이건 허락하지 않았다. 집에도 한 달에 한 번만 갈 수 있었다. 옌유윈은 집에 갈 때마다 부모의 입학 선물인 자동차를 직접 몰았다.

"남학생들은 내 이름을 몰랐다. 다들 'Eighty Four'라고 불렀다. 내 차 번호가 84였다. 2년 후, 푸단대학으로 전학했다. 유일한 여학생이다 보니 기숙사 입주가 불가능했다. 집에서 학교를 다니니 살 것 같았다. 언니와 오빠들은 모두 영국과 미국에서 유학 중이었다."

당시 상하이의 공원이나 찻집에는 점쟁이들이 죽치고 앉아 있었다. 고객은 남자 친구와 함께 온 젊은 여자들이 대부분이었다. 옌유원도 축구 선수로 명성을 떨치던 남자 친구와 함께 손금을 봤다. 점쟁이는 주책바가지 늙은이였다. 옌유원에게 남편이 둘 있을 거라고 거침없이 말했다. 그날 이후 건장하고 잘생긴 남자 친구는 옌유원을 피했다. 엄마에게 하소연했더니 자연스럽게 결혼 얘기가 나왔다. 엄마가 엄숙한 표정부터 짓기에 말을 가로챘다. "다른 건 보지 않겠다. 내가 존경할 만한 사람이면 가난뱅이라도 좋다. 내 맘에만 드는 사람이면 무슨 일도 마다하지 않을 자신이 있다"고 하자 엄마는 의아해했다. "너는 어릴 때부터 온갖 호사를 다 누린 애다. 돈 없는 사람과는 하루도 못 산다"며 한심하다는 표정을 지었다. 옌유원 말은 빈말이 아니었다.

옌유원과 양광성은 길에서 우연히 만났다. 토요일 오후, 천천히 차를 몰던 옌유원은 백미러를 보고 깜짝 놀랐다. 기를 쓰고 따라오는 청년이 있었다. 무슨 일인가 싶어 차를 세웠더니 숨을 헐떡이며 입을 열었다. 지적인 용모에 키가 훤칠하고 당당했다.

"네가 누군지 안다. 전부터 한번 만나고 싶었다. 같이 커피를 한잔하고 싶어서 달려왔다."

온몸이 땀투성이였다. 옌유원은 고개를 끄덕였다.

중국 외교사절단 대표 자격으로
만찬에 참석한 양광성과 옌유윈(왼쪽 둘째와 셋째).
오른쪽 둘째는 프랑스 주재 대사 구웨이쥔.
1938년 5월, 파리.

흰 드레스를 입히겠다는 약속으로 결혼 승낙

1928년 초, 난징의 국민정부가 전국을 석권했다. 상하이에 상주시킬 주재원을 물색하자 외교부가 나섰다. 칭화대학 국제법 강사 양광성을 추천했다.

"남과 다투는 법이 없고, 친화력이 뛰어나다. 양보를 잘하지만, 자신의 뜻대로 결과를 이끌어내는 재능이 있다. 미국 유학 시절 테니스 대회에서 우승한 적이 있고, 골프에 능하다. 플레이보이 기질이 농후하지만, 여자 문제로 말썽을 일으킨 적은 없다. 춤도 잘 춘다. 외교관으로 적격이다. 동갑인 장쉐량과는 못 가는 곳이 없는 사이다. 여자 취향이 달라 티격태격할 이유가 없기 때문이다. 장쉐량은 양광성이 미혼인 것을 제일 부러워한다."

옌유윈의 부모는 딸이 외교부 상하이 주재원과 만나는 것을 싫어하지 않았다. 모른 체하며 젊은 외교관이 찾아오기만 기다렸다. 명분은 만들면 되는 것, 옌유윈과 결혼을 결심한 양광성은 외교부의 판단에 걸맞게 행동했다. 하루는 옌유윈을 찻집으로 불러냈다. 헤어지기 전 10위안만 빌려달라고 했다. 옌유윈은 별 생각 없이 손가방을 열었다. 다음 날 해질 무렵, 말쑥한 청년이 옌유윈의 집을 찾아왔다.

"빌린 돈을 갚으러 왔습니다."

기습당한 옌유윈의 부모와 언니들은 양광성을 정중히 대접했다. 저녁까지 얻어먹은 양광성은 결혼 얘기를 꺼내지 않았다. 자리를 뜨며 옌유윈은 본체만체, 미래의 장인과 장모에게 한마디 툭 던졌다.

"결혼식 날 따님에게 흰 드레스를 입히겠습니다. 신혼여행은 유럽과 미국으로 갈 생각입니다. 외교총장도 3개월간 휴가를 허락했습니다."

당시만 해도 흰색은 효(孝)를 의미했다. 부모의 장례식 외에는 흰색 옷을 입지 않을 때였다. 옌유윈의 아버지도 양광성 못지않았다. 한 차례 웃더니 "내가 관여할 일이 아니다. 너희들이 결정할 문제"라며 응수했다. 옆에 있던 옌유윈의 언니들이 "와" 하며 박수를 보냈다.

'차기 남편' 된 구웨이쥔, 남편에게 소개받은 옌유윈

양광성은 외교부 정보국 부국장을 거치며 승승장구했다. 1931년 봄, 런던 총영사 임명장을 받았다. 이듬해 1월, 파리에서 열린 유럽 주재 공관장 신년 모임에 옌유윈과 함께 참석했다. 외교계에 복귀한 구웨이쥔이 프랑스 주재 공사(지금의 대사)로 부임한 직후였다. 옌유윈의 회상을 소개한다.

"광성에게 구웨이쥔을 정식으로 소개받았다. 내게 가장 중요한 사람이 되리라고는 상상도 못 했다. 우리 부부는 파리에 머무르며 손님 접대에 시간 가는 줄 몰랐다. 이탈리아 공사의 딸 장스윈을 다시 만나 반가웠다. 장스윈은 여전히 귀엽고 예뻤다. 장쉐량이 보낸 편지를 보여주며 훌쩍거렸다. 일본의 침략으로 동북에서 철수한 장쉐량이 곤경에 처해 있을 때였다. 구웨이쥔이 국제연맹의 '리턴(Lytton) 조사단'의 일원으로 동북에 가게 됐다고 하자 만세를 부르던 모습이 그렇게 귀여울 수가 없었다."

구웨이쥔의 부인 황후이란에 관한 얘기도 빠뜨리지 않았다.

"황후이란은 개를 좋아했다. 가는 곳마다 애완견을 안고 다녔다. 사람들과 있는 것보다 더 잘 어울렸다. 중국 외교관들은 몰려다니기를 좋아했다. 휴가도 같이 갈 때가 많았다. 몬테카를로에 갔을 때 황후이란은 구웨이쥔과 같이 있는 시간이 거의 없었다. 개와 외국인들하고만 놀았다. 그도 그럴 것이, 구웨이쥔은 황후이란보다는 같이 온 부인네들과 산책하기를 즐겼다. 황후이란의 질투는 품위가 있었다. 남의 부인과 마작을 하는 구웨이쥔의 머리에 찻물을 천천히 붓는 것을 보고 놀랐다. 구웨이쥔은 보통 사람이 아니었다. 미동도 않고 표정도 바꾸지 않았다. 황후이란이 나가자 같이 있던 남의 부인을 데리고 이층으로 올라갔다."

1933년 가을, 중국 정부는 양광성에게 귀국을 명령했다.

"후난·후베이·안후이·장시·쓰촨(四川) 5개 성의 외교 업무를 총괄해라."

양광성은 상하이에 설립한 중국신문사 사장직도 겸했다. 장쉐량은 시도 때도 없이 양광성의 집을 찾았다. 옌유원은 100세가 넘어서도 60여 년 전 장쉐량의 모습을 잊지 못했다.

"광성과 장쉐량은 새벽마다 골프를 치러 갔다. 나는 늦잠꾸러기였다. 두 사람이 18홀을 돌고 올 때까지 침대에 있을 때가 많았다. 광성이 나를 깨우러 들어오면 장쉐량도 신발을 들고 따라 들어왔다. 빨리 먹을 것을 내놓으라고 보챘다. 3년 후 장쉐량은 청사에 남을 사고를 쳤다. 장제스를 감금해 항일전쟁을 촉구했다. 장쉐량은 국·공합작을 이루게 했지만, 60여 년간 자유를 상실했다. 내전도

60여 년 만에 연금에서 풀려난
장쉐량(오른쪽)과 71년 만에 해후한 옌유윈.
1974년 7월, 뉴욕.

그치지 않았다. 광성은 장쉐량의 몰락에 분통을 터뜨렸다. 허구한 날 술만 마셔댔다."

옌유윈은 장제스의 동서인 재정부장 쿵샹시(孔祥熙)에게 하소연했다. 쿵샹시는 영국 국왕 조지 6세의 대관식 참석자 명단에 양광성을 추가했다. 공사로 승진한 양광성의 새로운 임지는 체코슬로바키아였다. 전시 재정을 담당하던 쿵샹시는 필리핀 공사를 권했다.

"필리핀에 부유한 화교들이 몰려 있다. 이들에게 모국의 전쟁자금을 모금할 생각이다. 너 외에는 적합한 인물이 없다."

필리핀 화교들을 독려하며 군자금을 모금하는 부부

중일전쟁 발발 초기인 1937년 11월, 양광성은 필리핀에 부임했다. 직급은 공사였지만 공식 직함은 마닐라 총영사였다. 당시 필리핀은 미국이 관할권을 쥐고 있었다. 대사관 설치가 불가능했다. 프랑스에 머물던 옌유윈도 파리를 떠났다. 중도에 홍콩에서 장스윈을 만났다. 연금 중인 장쉐량을 생각하며 대성통곡했다.

옌유윈이 마닐라에 도착하기 전부터 중국 총영사의 부인이 부잣집 딸이라는 소문이 파다했다. 일류 도둑들은 옌유윈이 오기만 기다렸다. 70여 년 후 옌유윈은 재미있는 구술을 남겼다.

"도착 며칠 후 남편과 함께 맥아더가 주최하는 만찬에 참석했다. 닭 우는 소리를 들으며 돌아왔다. 집안에는 금고가 없었다. 착용했던 패물들을 옷장에 넣고 잠들었다. 깨어보니 흔적도 없었다. 경찰에 신고했다. 해결할 방법이 없다는 답을 들었다."

미국인 사회에 떠돌던 얘기도 곁들였다.

"경찰국장이 내 패물들을 대통령 부인에게 선물했다는 소문
이 나돌았다. 국장은 도둑질에 동원한 부하들을 해외로 내보냈
다. 보석들은 집안 대대로 내려오는 명품들이었다. 내가 파리와
몬테카를로, 이탈리아 등에서 구입한 다이아몬드가 박힌 목걸이
와 반지는 당대 최고 디자이너들의 작품이었다. 나는 재물은 잃
었지만, 가장 소중한 생명과 건강, 가정은 잃지 않았다며 자신을
달랬다. 평정을 찾기까지 오랜 시간이 걸리지 않았다."

필리핀에는 10만여 명의 화교가 있었다. 화교들은 자기들끼리만
어울렸다. 양광성은 우수한 화교를 미국인 사회에 끌어들였다. 필
리핀 고관들과도 연결시켰다. 필리핀 사람들은 화교를 싫어했다.
혐오하고 무시하기 일쑤였다. 툭하면 화교가 운영하는 식료품 가
게를 습격했다. 양광성은 화교 상인들에게 3일간 파업을 종용했다.
식자재 구입에 불편을 느낀 필리핀 사람들이 화교의 중요성을 깨
닫자 성장과 시장들을 관저로 초청했다.
"중국은 전부터 지방 수령들을 부모관(父母官)이라고 불렀다. 필
리핀에는 중국인이 없는 곳이 없다. 이들의 근면과 노동력은 필리
핀 사람들의 생활 개선에 도움이 되리라고 확신한다. 부디 자식처
럼 대해주기 바란다."
양광성이 필리핀에 온 주요 목적은 전쟁자금 모금이었다. 산
재해 있는 도서(島嶼)와 도시에 발자취를 남겼다. 필리핀 사람 중

필리핀 시절, 쑹쯔원의 부인
장러이(張樂怡, 뒷줄 왼쪽 일곱째) 환영 모임을 연
양광성(뒷줄 오른쪽 셋째)과 옌유윈(뒷줄 왼쪽 셋째).
양광성의 왼쪽이 나중에 장쉐량의
세 번째 부인이 된 자오이디(趙一荻).
장러이와 자오이디 사이는 맥아더.
태평양전쟁 전으로 추정.

40퍼센트가 중국 혈통이었다. 4년간 미화 600만 달러를 모금했다.

쑹메이링은 옌유윈을 중국부녀위문단 필리핀지부 명예주석에 위촉했다. 옌유윈은 돈 많은 화교 70여 명에게 편지를 보냈다.

"부활절 예배를 마친 후 부인들과 조촐한 다과회를 갖고 싶다. 참석을 권유하기 바란다."

부호 부인 600여 명이 모인 자리에서 갖고 있던 황금을 쾌척하자 다들 얼떨결에 따라 했다. 이날 모금한 금품으로 의료품 100만 상자를 중국전선에 보냈다.

군자금 지키려다 일본군에 총살당한 양광성

1941년 12월 7일, 일본 연합함대가 진주만을 기습했다. 태평양 전쟁의 막이 올랐다. 일본은 미군 관할지역인 필리핀도 내버려두지 않았다. 이튿날 마닐라의 상업지역이 불구덩이로 변했다. 양광성은 전쟁 의연금을 낸 화교 명단을 소각했다.

미군은 마닐라가 파괴되기를 바라지 않았다. 일본군에게 저항할 뜻이 없다며 개방도시를 선포했다. 그래도 일본군은 포격을 멈추지 않았다. 총독이나 다름없던 맥아더는 마닐라 철수를 결정했다. 양광성에게 가족과 함께 떠나자고 재촉했다. 양광성은 맥아더의 청을 거절했다.

"이곳에 남겠다. 화교들을 보호하는 것이 내 책임이다."

1942년 1월 2일, 일본군이 마닐라에 진입했다. 미군은 유류창고를 폭파하고 철수했다. 도시 전체가 시커먼 연기로 뒤덮였다. 하늘이 보이지 않을 정도였다. 이튿날, 대통령궁과 미군 사령부에 일장

미국 종군기자 마이던스(Carl Mydans)의
앵글에 잡힌 필리핀의 일본군 사병들.

기가 나부꼈다. 마닐라를 점령한 일본군은 영국인과 미국인 체포에 나섰다. 양광성도 무사하지 못했다. 영사관 직원 7명과 함께 일본군에게 끌려갔다. 지켜본 큰딸이 구술을 남겼다.

"우리가 아침을 먹고 있을 때 앳된 일본군이 아버지를 체포하러 왔다. 사병들은 예의 바르고 신속했다. 아버지는 기다렸다는 듯이 옷 보따리를 들고 따라갔다. 엄마 따라 몇 차례 면회도 갔다. 한번은 아버지가 '빨리 자라서 나 대신 엄마를 잘 돌보라'고 당부했다. 그때는 무슨 뜻인지 몰랐다. 아버지는 죽음을 예감하고 있었다."

일본군은 화교 10만여 명을 구금할 계획이었지만, 경비가 문제였다. 대신 양광성과 화교 영수들을 회유했다.

"모금한 돈을 내놔라. 일본군 2,000명이 기관총을 뿜어대면, 1분 내에 화교 10만을 몰살시킬 수 있다."

양광성은 거절했다. 4월 17일, 일본군은 비밀리에 양광성과 영사관원 7명을 총살했다. 남편이 죽은 줄 모르는 엔유원은 영사관 직원 가족들을 전쟁이 끝날 때까지 돌봤다. 1945년 2월 3일, 맥아더가 지휘하는 미군이 마닐라에 돌아왔다. 함께 온 도널드(William Donald)가 맥아더의 부인과 함께 엔유원을 찾았다.

"양광성은 이미 이 세상 사람이 아니다. 중국은 내전이 멀지 않았다. 애들 데리고 미국으로 가라."

옌유윈(왼쪽)이 장쉐량과 장제스의
고문이었던 도널드와 이야기하고 있다.
1945년 3월, 마닐라.

옌유윈의 백기사

1945년 4월 12일, 옌유윈은 딸들과 함께 마닐라를 떠났다. 맥아더는 남편 양광성과 친분이 두터웠다. 그는 부인에게 이렇게 편지를 보냈다.

"광성은 훌륭한 외교관이었다. 시신을 찾기 전까지는 죽음을 믿을 수 없다. 발견 즉시 중국으로 운구하겠다."

맥아더의 배려는 극진했다. 배 안에서는 물론이고 미국에 도착해서도 국빈 대우를 받았다. 여권이 없다 보니 비자가 있을 리 없었다. 국무부 직원이 세관과 이민국으로 안내했다. 호텔에 머무는 동안 국무부 대표가 옌유윈을 방문했다. 양광성이 일본군에게 참살당했다는 소식을 정식으로 통보했다. 그날 밤, 옌유윈은 난생처음 통곡했다.

5월 8일, 유럽 전선에서 포성이 그쳤다. 50개국 대표가 샌프란시스코에 모였다. 목적은 '유엔헌장' 기초(起草)였다. 소식을 접한 옌유윈은 샌프란시스코로 향했다. 샌프란시스코에 와 있던 중국 대표단은 옌유윈을 환대했다. 단장 쑹쯔원과 구웨이쥔은 양광성의 죽음을 애통해했다. 구웨이쥔이 가는 곳마다 붙어 다니던 황후이란은 보이지 않았다. 의아해하자 쑹쯔원이 넌지시 일러줬다.

"황후이란과는 남이나 마찬가지다. 구웨이쥔은 젊을 때부터 장모의 총애를 받았다. 장모에게 상처를 줄까봐 이혼을 못 하고 있다. 머지않아 워싱턴에 부임할지도 모른다."

구웨이쥔은 심할 정도로 옌유윈을 보살폈다. 큰딸이 복통으로 고생할 때 들쳐 업고 병원으로 달려갈 정도였다. 샌프란시스코 회

미국으로 이주한 옌유원(가운데)은
유엔에서 새로운 삶을 시작했다.
1946년 가을, 뉴욕.

의가 끝나자 중국 대표단은 귀국을 서둘렀다. 구웨이쥔은 미국을 떠나기 전날 옌유윈을 불러냈다.

"뉴욕으로 가라. 너와 가까운 사람이 많다."

옌유윈은 구웨이쥔이 시키는 대로 했다. 뉴욕으로 거처를 옮겼다. 중국 정부가 남편의 밀린 봉급이라며 돈을 보내왔다. 액수가 적지 않았다. 마땅한 일자리를 찾았다. 오라는 곳은 많았지만 내키지 않았다. 유엔 의전관이 공석이라는 말을 듣고 지원서를 냈다. "돈은 얼마를 줘도 상관 않겠다. 방값 정도면 된다"는 말을 첨가했다. 당장 근무해도 좋다는 통보를 받았다. 구웨이쥔이 미국대사로 왔다는 말을 듣고 반가웠다.

유엔 근무 1년이 채 못 됐을 무렵, 양광성의 국장(國葬)이 난징에서 열렸다. 옌유윈도 귀국했다. 장례를 마치고 잠시 상하이의 옛집을 찾았다. 마닐라에 있는 동안 세상을 떠난 엄마의 유산이라며 오빠들이 뭉칫돈을 줬다. 옌유윈은 한 푼도 남기지 않고 난징의 진링(金陵)여자대학에 기증했다.

유엔은 박봉이었다. 그러나 근무 환경은 좋았다. 함께 일하는 사람들 수준 덕이었다. 하루하루가 즐거웠다. 유엔 양농(粮農)조직회의 대표단 단장을 겸하던 구웨이쥔은 유엔에 올 일이 많았다. 옌유윈과 접촉할 기회가 빈번했다. 구웨이쥔의 큰딸도 유엔의 일원으로 합세했다.

구웨이쥔은 주말마다 뉴욕으로 왔다. 딸을 보러 온 건지, 옌유윈을 만나러 온 건지, 공무 때문인지 분간하기가 힘들었다. 아이건 어른이건 자주 만나다 보면 가까워지기 마련이다. 새벽에 산책하는

1947년 12월, 미국에서 발행하는 부녀잡지에
미국에서 첫 번째 성탄절을 보내는 옌유윈(맨 왼쪽)과
세 딸의 모습이 크게 실렸다.

구웨이쥔과 옌유윈(왼쪽 첫째와 둘째)은
쑹쯔원(오른쪽 둘째)이 세상을 떠나는 날까지 어울렸다.
1949년 겨울, 뉴욕.

모습을 봤다는 사람이 하나둘 나타나기 시작했다. 두 사람은 남들이 뭐라건 말건 끄떡도 안 했다. 내놓고 동거를 시작했다.

두 번째 주미대사 시절, 구웨이쥔은 황후이란에게 정나미가 떨어졌다. 황후이란도 현실을 인정했다.

"구웨이쥔은 날이 갈수록 변했다. 한집에 살며 같은 밥만 먹을 뿐 의견도 나누지 않았다. 각자 따로 놀았다. 그럼에도 같이 산 것은 친정엄마 때문이었다. 평소 엄마는 구웨이쥔을 극진히 챙겼다. 구웨이쥔도 사위 노릇을 소홀히 하지 않았다. 노년의 장모를 워싱턴으로 모셔와 함께 살았다. 장례식도 성대하게 치렀다. 나는 감격했다. 1956년, 편한 마음으로 37년 동안의 부부관계를 청산했다."

홀가분해진 구웨이쥔은 대사직에서 물러났다. 유엔 안전보장이사회는 이 절세의 외교관을 국제사법재판소 재판관에 임명했다. 임지인 헤이그에 부임한 구웨이쥔은 동거 중이던 옌유윈과 정식으로 결혼했다. 마지막 직함은 국제사법재판소 부소장이었다. 은퇴 후에는 뉴욕에 정착했다.

뼛속까지 외교관

1948년 겨울, 동북과 화북을 석권한 중공은 승리를 확신했다. 특급 전범 명단을 발표했다. 43명 중 구웨이쥔의 이름이 빠질 리 없었다. 1년 후, 타이완으로 천도한 장제스는 외국주재 대사들을 갈아치웠다. 주미대사 구웨이쥔은 예외였다.

"구웨이쥔은 중국의 외교를 상징하는 사람이다. 수십 년간 자신의 영역에서 확실한 흔적을 남겼다. 담판에는 따라갈 사람이 없다.

남자가 분명하지만 사고가 중성적이고, 정치에 관심이 없다. 청말 서구 열강과 외교무대에서 맞섰던 이홍장 이후에는 누가 뭐래도 구웨이쥔이다."

장제스의 판단은 정확했다. 구웨이쥔은 확고한 담판 원칙이 있었다. 완전한 승리, 전승론(全勝論)을 주장하는 외교관을 경멸했다.

"외교는 담판이다. 중국인들은 툭하면 '영위옥쇄 불위와전'(寧爲玉碎 不爲瓦全, 산산조각 난 옥이 될지언정 온전한 기와는 되지 않겠다)을 부르짖는다. 좌고우면(左顧右眄)하는 것보다 원칙을 견지하는 사람이 아름답다는 말이다. 나도 개인적으로는 그러고 싶다. 단, 외교 문제는 별개다. 이런 사람은 입도 벙긋하지 못하게 해야 한다. 개인의 생명은 유한하지만 국가는 영원해야 하기 때문이다. 원칙만 고집하는 사람을 외교무대에 내보냈다간 나라가 절단난다. 담판은 타협이다. 상대방의 처지를 고려하는 것이 우선이다. 목표의 50퍼센트에서 1퍼센트만 더 얻어내도 대성공이다."

구웨이쥔은 외교와 내정(內政)은 다르다고 봤다. 담판 원칙을 말할 때마다 여지(余地)를 강조했다.

"내정의 대상은 국민이다. 외교는 국가가 대상이다. 내정은 돈만 풀면 그럭저럭 넘어갈 수 있다. 국민은 무지하고 무기력하다. 공수표 남발해도 금방 망각한다. 외교는 약속을 지켜야 한다. 확답보다는 여지를 남겨둬야 한다."

중국의 20세기는 격변의 연속이었다. 난징의 국민정부가 베이징의 북양군벌을 제압했지만, 중공에게 대륙을 내줬다. 그 와중에서 구웨이쥔의 처신은 관심을 끌기에 충분했다. 두 차례 실패자 편에 섰고, 두 번 수배자 신세로 전락했지만 승리자들은 그때마다 관용을 베풀었다. 1926년, 국민정부의 북벌군이 중국의 배꼽인 우창(武昌)을 점령했다. 베이징 정부의 국무총리였던 구웨이쥔에게 체포령이 떨어졌다. 하지만 국민정부 2인자 장쉐량 덕에 수배령이 풀렸다.

1931년, 일본 관동군이 만주를 점령했다. 구웨이쥔은 국제연맹 리턴 조사단의 일원으로 일본의 침략을 만천하에 폭로했다. 국·공 양당이 정권을 놓고 온갖 연출을 할 때 구웨이쥔은 미국의 조야에 국민당 지원을 호소하고 다녔다. 승리자 중공은 해외사절 중에서 구웨이쥔에게만 체포령을 내렸지만 형식에 불과했다. 1972년 9월, 마오쩌둥은 유엔 대표단으로 떠나는 장한즈(張含之)에게 당부했다.

"미국에 가면 구웨이쥔을 만나라. 내 안부 전하고, 적당한 시기에 대륙을 방문하라고 일러라."

구웨이쥔이 국·공 양당의 면죄부를 받기까지는 그만한 이유가 있었다.

"50여 년간 공직에 있으면서 일관된 원칙을 견지했다. 상부의 지시를 받거나 건의를 할 때마다, 국가에 무슨 이익이 있을지를 스스로 고민했다. 나는 평생 당파나 정치에는 관심이 없었다. 권력투쟁에 말려들다 보면 국가의 이익을 생각할 겨를이 없기 때문이다. 외교 문제를 처리할 때도 마찬가지다. 개인의 정치적 득실이나 야심을 실현시키려 한다면, 담판은 파열되기 마련이다. 정치와 외교는 구분돼야 한다. 정치적 야심이 있는 사람은 외교관 자격이 없다. 정치가가 외교에 나서는 것도 위험하다."

2014년 9월 27일, 뉴욕에서 열린 옌유원의 109세 생일파티.
구웨이쥔과 세 명의 부인 사이에 태어난 자손들뿐 아니라
옌유원과 양광성의 후예들도 한자리에 모였다.

구웨이쥔은 일반 중국인들과 다른 점이 많았다. 학설이나 이념을 존중하지 않았다.

"미국의 민주당이나 공화당은 명확한 사상체계가 없다. 그러다 보니 양당 간에 소통이 가능하다. 중국의 정당은 노동자나 농민·상인 등 각 분야에서 기반도 약하고 이익도 대변하지 못하면서 학설과 이념을 너무 중요시 여긴다. 정당들끼리 티격태격하는 이유도 따지고 보면 간단하다. 국가를 어떻게 이끌고 나갈지 고민하다가 충돌하는 것이 아니라 개인의 지위 때문에 그러는 것이다. 정견의 차이는 국내 문제에 한정시켜야 한다. 그렇지 않으면 해외에서 정부의 체면을 유지하기 힘들다. 정확하고 모든 것을 초월한 정치사상은 존재하지 않는다. 국민당과 공산당은 이념과 학설이 비슷하다. 왜 싸우는지 이유를 모르겠다."

구웨이쥔은 평생 독자적인 지위를 유지했다. 정파에 소속된 적이 없다 보니, 정치투쟁이나 군사문제에 휘말린 적이 없었다.

"정치적인 두뇌가 없다는 말을 들을 때마다 즐거웠다. 국가 이익과 민족의 존엄을 위해 외교 문제를 처리했다. 중국은 재미있는 나라다. 정부의 명령은 통일된 적이 없고, 군벌들은 분쟁에서 헤어나지 못했다. 이럴 때일수록 무지한 통치자가 편했다. 뇌물로 총통이 된 차오쿤(曹錕)도 외교 문제는 내게 일임했다."

구웨이쥔은 장제스와도 별 인연이 없었다. 장제스의 권유로 국민당에 입당했고, 중앙위원에 피선됐지만 이름뿐이었다. 항상 일정한 거리를 유지했다. 공산당과도 국제회의에 동행했던 몇 명과 간단한 안부를 주고받는 게 고작이었다.

헤이그 시절의 구웨이쥔과 옌유윈(오른쪽).

구웨이쥔은 1985년 11월, 옌유윈의 침실에 붙어 있는 욕조에서 세상을 떠났다. 황후이란은 1993년 겨울, 100번째 생일날 세상을 떠날 때까지 구웨이쥔의 부인이었다는 자부심을 잃지 않았다.

"남편은 중국의 1세대 외교관으로 손색이 없었다. 오랜 세월 원망도 많았지만 정이 더 깊다."

옌유윈은 지금도 건재하다. 2014년 9월, 109번째 생일날 장수 비결을 털어놨다.

"평생 보약 먹은 적 없고, 운동도 하지 않았다. 지난 일은 금세 까먹고, 오늘 일만 생각했다."

참고문헌

張海鵬 主編, 中國近代通史(1-10), 江蘇人民出版社, 2009.

包天笑, 釧影樓回忆录续编, 香港大华出版社, 1973.

趙無眠, 百年功罪, 明鏡出版社(香港), 1999.

江南雜誌社 編, 文史我鑒, 作家出版社, 2009.

吳思 主編, 親歷記(1-4), 山西人民出版社, 2010.

江平, 沈浮與枯榮・八十自述, 法律出版社, 2010.

黃克誠, 黃克誠自述, 人民出版社, 1994.

中央工商行政管理局, 中國科學院經濟研究所資本主義經濟改造研究室 編, 資本主義工業的
　　社會主義改造, 生活・讀書・新知三聯書店, 1960.

費正清,羅德里克・麥克法夸爾 主編, 劍橋中華人民共和國史, 上海人民出版社, 1990.

中共中央黨史研究室 編著, 中國共産黨歷史圖志(1-3), 上海人民出版社, 2001.

趙英蘭 編著, 民國生活, 瀋陽出版社, 2002.

耿飇, 耿飇回憶彔(1949-1992), 江蘇人民出版社, 1998.

有林 主編, 中華人民共和國史通鑑(1949-1995 全4卷 18冊), 當代中國出版社, 1995.

李健 編著, 中南海詠嘆彔(上下), 北京師範大學出版社, 1992.

回憶蕭華編輯組, 回憶蕭華, 軍事科學出版社, 1988.

聞風, 新侍衛官雜記, 星河出版社(香港), 1989.

丁凱文, 百年林彪, 明鏡出版社(香港), 2007.

鄭義 編著, 林彪密函蔣介石, 文化藝術出版社(香港), 2012.

張雲生, 毛家灣紀實, 存眞社(香港), 1988.

汪東興, 毛澤東與林彪反革命集團的鬪爭, 當代中國出版社, 1997.

周敬清, 解讀林彪, 上海人民出版社, 2013.

李緇文, 毛澤東家世, 南粵出版社(香港), 1990.

權延赤, 走下神壇的毛澤東, 南粵出版社(香港), 1990.

彬子 編, 毛澤東的感情世界, 吉林人民出版社, 1990

胡哲峰 牛化民, 毛澤東與林彪, 新世界出版社, 2013.

汪幸福, 林氏三兄弟, 湖北人民出版社, 2004.

程中原 夏杏珍 劉倉, 決戰, 河北人民出版社, 2010.

汪文風, 從童懷周到審江青, 中國青年出版社, 2012.

彭樹華, 潘漢年案審判前后, 中國青年出版社, 2009.

金春明, 四人幫沈浮录, 中國青年出版社, 1992.

江青, 爲人民新功, 人民出版出版社, 1967.

邵一海, 聯合艦隊的覆滅, 春秋出版社, 1998.

鮑威爾, 我在中國二十五年, 上海書店出版社, 1993.

馮治軍, 林彪與毛澤東, 皇福圖書公司(香港), 1998.

師東兵, 文化大革命紀實系列, 繁榮出版社(香港), 1992.

石源華, 中國十外交家, 上海人民出版社, 1999.

李恩涵, 近代中國外交史事研究, 商務印書館(臺北), 2004.

李恩涵, 北伐前後的革命外交(1925-1931), 中央研究院近代史研究所(臺北), 1993.

顏榴, 唯有赤子心(孫維世平生事蹟), 新華出版社, 2012.

楊奎松, 革命(楊奎松著作集 全四冊), 廣西師範大學出版社, 2012.

沈志華, 中蘇同盟與朝鮮戰爭研究, 廣西師範大學出版社, 1999.

沈志華, 毛澤東 斯大林與朝鮮戰爭, 廣東人民出版社, 2003.

徐福生 主編, 共和國風雲, 上海古籍出版社, 2004.

顧維鈞, 顧維鈞回憶录(1-13), 中華書局, 1985.

黃蕙蘭, 沒有不散的宴席, 中國文史出版社, 2012.

嚴幼韻, 一百零九個春天, 新世界出版社, 2015.

中共中央文献研究室, 建党以来重要文献选编(全26册), 中央文献出版社, 2011.

中國人民政治協商會議全國委員會 文史資料研究委員會 編, 文史集萃, 文史資料出版社,
    1983.

庄建平 編著, 近代史資料文庫(全10册), 上海書店出版社, 2009.

全国政协文史和学习委员会 編, 文史资料选辑合订本(全157辑), 中國文史出版社, 2011.

吳東平, 走近現代名人後裔, 湖北人民出版社, 2006.

鄭重, 風雨文汇(1938-1947), 東方出版中心, 2008.

周海濱, 失落的嶺峰, 人民出版社, 2012.

周海濱, 家國光影, 人民出版社, 2011.

胡代聰, 晚清時期的外交人物和外交思想, 世界知識出版社, 2012.

唐振常, 近代上海繁華錄, 商務印書館(香港), 1993.

李菁, 記憶的容顏, 生活, 讀書, 新知三聯書店, 2012

王一華 主編, 中華人民共和國大事日誌, 濟南出版社, 1992.

郭戰平 主編, 眞情見證, 鳳凰出版社, 2009.

中國革命博物館 編, 光輝的歷程, 人民出版社, 1991.

楊天石 主編, 史事探幽, 上海辭書出版社, 2005.

云水, 國際風雲中的中國外交官, 世界知識出版社, 1992.

薄一派, 領袖元帥與戰友, 中央文獻出版社, 2008.

沈勇, 紅色記憶, 北京十月文藝出版社, 2005.

黃煜文 譯, 我們最幸福, 麥田出版(臺北), 2011.

萬仁元 主編, 汪精衛與汪僞政府(上下), 臺灣商務印書館, 1994.

上海圖書館 編, 上海圖書館藏歷史原照(上下), 上海古籍出版社, 2007.

黎家松 主編, 新中國外交五十年, 世界知識出版社, 1999.

中國社會科學院近代史研究所 主持, 中華民國史(全36冊), 中華書局, 2011.

劉繼興, 民國大腕, 中國友誼出版公司, 2010.

葉永烈, 藍苹外傳, 大連出版社, 1988.

段連城, 大陸滄桑, 新天出版社(香港), 1990.

馮克力, 當歷史可以觀看, 廣西省師範大學出版社, 2013.

張塞 主編, 中國國情大辭典, 中國國際廣播出版社, 1991.

劉樹勇 程東 主編, 中國表情, 青島出版社, 2009.

張義德 等, 走出現代迷信, 三聯書店(香港), 1989.

馬杜香, 盧山舊事, 人民文學出版社, 2007.

閻長貴, 問史求信集, 紅旗出版社, 2009.

舒云, 楊勇上將, 解放軍文藝出版社, 2005.

楊尙昆, 楊尙昆回憶彔, 中央文獻出版社, 2007.

梁立成, 民國名人羅曼史, 中原出版社(香港), 1990.

童偉, 我們這樣去抗日, 人民日報出版社, 2011.

陳柔縉, 人人身上都是一個時代, 時報文化(臺灣), 2009.

Hao Huachen, *Memory of City*, DALIAN PUBLISHING HOUSE, 2013.

Karen Smith, *Shanghai*, 世界圖書出版公司, 2010.

Liu Heung Shing Ed., *China*, TASCHEN, HONGKONG · LONDON · MADRID · PARIS · TOKYO, 1981.

Wang Miao, *China's Thirty Years*, OXFORD, 2009.